I0103094

NOTES D'UN VOLONTAIRE

AU SIÉGE DE PARIS

1870-71

DEUXIÈME ÉDITION

NOTES

D'UN

VOLONTAIRE

AU SIÉGE DE PARIS

(1870-1871)

PAR A. GODEFROY

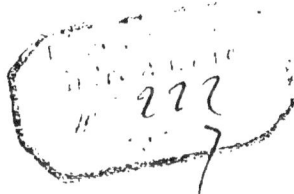

TOURS

RIBAUDEAU & CHEVALLIER

IMPRIMEURS

26, Rue Royale, 26

A celle dont le souvenir

est toute ma vie

A ma famille, à mes amis.

AVIS AU LECTEUR

———

Mes notes ne valent probablement pas grand'chose : je ne les destinais qu'à ma famille et à un petit nombre d'amis, lorsque les éditeurs m'ont demandé de les publier pour leur compte ; je n'y vois nul inconvénient.

Écrites au courant de la plume, un peu à la *diable*, elles avaient un caractère tout intime, comme l'indiquent assez les noms propres qui s'y trouvent et les deux ou trois lettres que j'ai reproduites. Je les laisse telles quelles, avec leurs négligences, leur décousu et leurs petites hardiesses, trop paresseux que je suis pour les retoucher.

Si quelque puriste en signalait la forme défectueuse, le mal ne serait pas grand ; si quelque railleur me trouve ridicule quand je parle de Dieu ou de la Patrie, tant pis pour lui.

Arsène GODEFROY.

Mai 1875.

1

NOTES

D'UN

VOLONTAIRE

I.

MON DÉPART DE NEUILLÉ. — MA RÉCEPTION A LA
PRÉFECTURE, A L'INTENDANCE. — JOLI DÉBUT,
ON ME SIGNALE COMME ESPION A LA GARE DE
TOURS. — PASSAGE A CHATEAURENAULT. —
ARRIVÉE A PARIS.

La France, deux fois vaincue, à Reischoffen
et à Wissembourg, et n'ayant à son actif que
le petit succès si contestable de Forbach, regardait avec stupeur l'armée allemande marcher sur Paris.

C'était un dimanche soir, le 20 ou le 21, je
crois ; mon père tenait à la main un journal
d'Angers, dont le premier article, signé de la
rédaction tout entière, disait à peu près ceci :

« Tout homme valide, pouvant disposer de
lui-même et tenir un fusil, se doit aujourd'hui
à son pays ; en conséquence, nous informons
nos abonnés qu'à partir de demain la publi-
cation de ce journal est suspendue ; notre
place est à Paris. »

Ma résolution fut immédiatement prise : j'en parlai à deux ou trois amis ; mon frère partait le soir même comme mobile ; je fixai mon départ au 29 août.

Après avoir garni mon portefeuille, choisi mes plus grosses chemises de chasse et mes souliers les mieux *cloûtés* (style de Neuillé), je me mis en route après avoir dit adieu à mon père, qui n'eut pas le courage de me blâmer.

J'avais quelques renseignements à prendre à la préfecture de Tours au sujet de mon futur engagement : dans le cas où je partirais avec une compagnie franche (et c'était là mon espoir), devais-je acheter une arme de guerre, m'habiller à mes frais ?

On me répondit fort sèchemnnt que le gouvernement n'autorisait point l'achat d'armes de guerre ; que, pour le reste, j'avais affaire à l'intendance, que tout cela ne les regardait point.

A l'intendance, même accueil, et nul renseignement : l'employé, largement décoré, me demanda qui j'étais, fut ébahi, ricana, et me dit que nous avions assez de soldats, que je ferais peut-être mieux de rester chez moi ; c'était peu encourageant.

La gare de Tours regorgeait de troupes ; à un moment je me trouvai au milieu d'une centaine de gardes-forestiers que l'on dirigeait sur Paris ; j'avais mon billet et j'allais

monter dans le train, lorsqu'un brigadier de
gendarmerie vint me frapper sur l'épaule : —
Suivez-moi. — Vous suivre ? — Oui, vous
êtes un espion.

J'avais peu de chance ; jamais sous l'Empire, la main d'un gendarme n'avait effleuré
mon habit ; l'Empire croûlait et l'on m'em-
poignait au colet.

Sans doute, mon attitude ne manqua pas
d'énergie, sans doute aussi ma figure reflèta
l'innocence la plus complète ; l'intelligent brigadier me lâcha.

« Vous allez, lui dis-je, vous allez dire au
garde-forestier qui est là-bas, qu'il est un imbécile, chose qu'il ignore ; que je connais à
Tours mille personnes peut-être ; que je n'ai
qu'un pas à faire pour aller serrer la main
du chef de gare, qui est mon ami. »

J'avais eu la maladresse de causer un instant avec un brigadier-forestier et de lui demander naïvement s'il était facile d'entrer à
Paris sans passe-port ; il n'en fallait pas tant
par ce temps d'affolement général ; et puis,
d'ailleurs, l'Empire me devait bien cela.

Je tournai le dos au zélé brigadier et mon-
tai vivement dans le train. Il n'allait pas vite,
car il était bondé de soldats : beaucoup de
Bretons rappelés allaient rejoindre leurs corps.

En les voyant passer, je ne pus m'empêcher de comparer leurs mâles et énergiques
figures avec celles si pâteuses, si rebondies

et absolument sans caractère de nos bons gros paysans. Ceux-là ne chantaient point ; au contraire, avant de partir ils paraissaient avoir le mal du pays ; mais sous ces grands chapeaux ronds et sous ces petites vestes de toile, on devinait qu'il y avait des hommes et que ces hommes, à un moment donné, oubliant leurs landes sauvages ou leurs genêts en fleurs, tiendraient leur place sur un champ de bataille.

A chaque station, l'on apportait du pain, des fruits, du vin ; à celle de Monnaie, où M. de Flavigny avait envoyé plusieurs pièces de vin et une charrette pleine de fruits, ce fut un véritable gaspillage.

Je descendis à Châteaurenault, où se trouvait le bataillon de mon frère ; je voulais passer quelques heures avec lui, serrer la main à ses camarades de Neuillé, dont quelques-uns pouvaient ne pas revenir, et boire avec eux à la France et à notre retour.

Nos pauvres moblots manœuvraient sans armes, les bras pendants, dans une grande plaine au-dessus de la ville. Leur figure annonçait un cœur encore un peu gros ; que voulez-vous ! on venait de quitter la maison et les joues étaient encore humides des baisers maternels.

Encore en blouses ou en paletots, leur ensemble composite formait un singulier contraste avec la tenue si brillante de leur petit état-major composé d'officiers pour la plupart aussi jeunes et aussi expérimentés qu'eux-mêmes. Chez ces derniers, tout gantés de blanc, la joie était visible ; leur uniforme était battant neuf.

A la vue de ces enfants dont la moitié peut-être n'avait jamais tenu un fusil, une pensée triste s'empara de mon esprit. Avant un mois on pouvait les envoyer à l'ennemi, sous la conduite de ces autres enfants pleins de cœur et de bonne volonté assurément, mais qui ne savaient rien des choses du métier.

J'emmenai les mobiles de Neuillé dans un café où je voulais leur offrir du Champagne ; on nous servit du mauvais vin, dit de Gravé, que je payai 4 fr. la bouteille, c'était pour rien ; mais le vin était vert et j'avais voulu régaler mes amis, leur faire oublier le foyer paternel, les derniers adieux, enfin monter les têtes ; mon double but fut manqué.

Le soir, je dînai avec mon frère chez nos excellents cousins, M. et Mme B... La soirée fut charmante, on venait de recevoir une nouvelle qui remplissait d'espoir ; Bazaine, disait-on, avait opéré sa jonction avec Mac-Mahon, etc. La guerre pouvait se terminer d'un seul coup : et les figures, de tristes qu'elles étaient, devinrent joyeuses.

Quant à moi, j'avais foi dans mon pays, j'accomplissais un devoir, je marchais vers l'inconnu sans doute, mais j'allais voir de grandes choses et probablement y prendre part.

Mon frère vint me conduire à la gare à onze heures du soir; nous nous embrassâmes avec effusion, car chacun de nous deux savait qu'emportés par les hasards d'une campagne à son début, nous pouvions ne plus nous revoir.

Dans le train, mes pensées prirent rapidement une couleur sombre, la nuit était profonde et nous marchions lentement. Je m'assoupis légèrement, et dans mon demi-sommeil, comme à travers une brume indécise, j'eus des visions singulières.

Les arbres qui passaient, cette campagne voilée, avaient ce soir-là, pour moi, un air étrange; de plus, le vent s'était élevé et sa voix, comme une ironie de la voix humaine, m'arrivait avec des notes d'une tristesse infinie. Il me semblait entendre avec ses mille bruits s'avancer l'invasion ; non point l'invasion de 1870, avec sa marche correcte et ses régiments disciplinés, mais celle d'Attila, comme un ouragan qui passe, avec ses bandes à tous crins et ses légions indomptées.

Pourtant, j'avais vu d'autres fois, également la nuit, ces grands arbres et ces champs couverts d'ombres : tout cela m'avait paru charmant.

Je voyais mon vieux père resté seul à Neuillé, dans notre maison devenue si grande, cette maison où j'avais été si heureux et où j'avais tant souffert. Je pensais à la tombe que je laissais derrière moi, à mon frère que je venais de quitter et à ma sœur que j'avais entrevue à Tours, et dont j'avais évité les reproches et l'adieu.

Mon cœur était gros; je voyais déjà par la pensée mon frère mort ou blessé, prisonnier peut-être, ou bien je le retrouverais sur quelque champ de bataille ; alors, quelle joie ! puis je retombais dans mes tristesses et, comme la mère des Machabées, j'étais obligé de me dire : « Sois un homme. »

Ma nuit fut ainsi une longue suite de défaillances et de résolutions viriles. J'arrivai à Paris le lendemain matin, à cinq heures; je n'étais plus ni triste ni gai, j'étais mieux que cela, c'est-à-dire résolu, et, ma foi, bien décidé à ne pas jeter un regard en arrière et à étouffer toute pensée de regret : les événements se précipitaient ; au lieu de les attendre impatiemment chez moi, j'allais au devant d'eux, voilà tout.

II.

PARIS. — LE COLONEL MOCQUERY. — REBOULA-
DES SUR REBOULADES. — M. HOUSSARD, M.
DESPLANQUES. — J'AI ENFIN UNE POSITION MI-
LITAIRE.

La grande ville avait déjà dans son aspect
quelque chose d'extraordinaire; les boulevards étaient toujours couverts de prome-
neurs, et la foule était aussi nombreuse devant les cafés; mais les places étaient encom-
brées de lourdes voitures d'approvisionne-
ment, les squares, les promenades étaient
devenus des parcs remplis de moutons, de
bœufs; de tous côtés arrivaient des chariots
pleins de vin ou de farine : tout annonçait
l'approche et les préparatifs d'un siége. Mais
au milieu de ces graves et solennels préparatifs, les Parisiens n'avaient pas encore perdu
leur attitude insouciante; à un siége, y
croyait-on bien ? chacun vaquait à ses plaisirs et gaspillait la vie comme à l'ordinaire ;
la tenue seule était modifiée, le chapeau rond
avait fait place au képi. Comme tout cela
allait changer !

Je me fis conduire de suite rue Jean-Jacques
Rousseau, à l'hôtel des Empereurs, où m'at-

tendait le brave et excellent colonel Mocquery, qui n'avait pas hésité, malgré ses soixante ans, à quitter sa famille pour mettre au service de son pays en danger son expérience et son épée.

J'étais attendu et fus reçu à bras ouverts. Depuis qu'il était à Paris, malgré ses démarches de chaque jour, on ne l'avait pas encore casé. Il me raconta avec accablement qu'à l'état-major, on l'accueillait froidement ; il en revenait désespéré: on lui disait que les officiers ne manquaient point.

« On ne veut plus de moi, me disait-il, je suis trop vieux, il faut faire place aux jeunes; » et il ajoutait tristement : « Il y aura bien un moment où le premier venu pourra ramasser un fusil sur le rempart, je n'ai plus que cet espoir-là. »

Nommé à un commandement quelconque, ma place était près de lui, et j'aurais pu lui rendre de grands services dans un moment où les chefs de corps avaient tout à faire pour l'organisation des régiments de marche ou provisoires.

Sur son avis, j'allai à la place ; le bataillon des francs-tireurs était parti depuis deux jours ; mais de nouveaux francs-tireurs allaient être attachés à certains bataillons de la garde nationale, dans l'idée d'une mobilisation prochaine ; je n'avais qu'à me présenter à la mairie du 1er arrondissement.

A la mairie, je faillis être arrêté. C'était trop fort. Décidément, M. l'intendant de Tours avait mille fois raison, j'étais bien un imbécile d'avoir quitté le toit paternel, et n'eussent été la honte et le ridicule d'un retour à Neuillé, jaurais vivement repris le chemin de la gare d'Orléans.

Je ne pouvais me recommander du colonel ; sans commandement, c'était un inconnu. J'allai de suite trouver M. Houssard ; c'était le 30, au matin ; il était au lit ; je lui exposai le but de mon voyage et mes tribulations. Son accueil fut parfait : il vint m'accompagner à la mairie du Louvre.

Cette fois, plus de reboulades ; l'on me fit observer poliment qu'une arme de guerre ne devait jamais être confiée au premier venu, et qu'en me faisant délivrer un fusil, M. le député d'Indre-et-Loire m'octroyait une grande faveur.

J'obtins un mot pour le commandant du 12e bataillon, M. Larivière, qui reçut M. Houssard et son protégé avec les plus grandes politesses ; j'étais l'ami d'un député bien pensant, un homme d'ordre par conséquent.

Aussi, le soir même, j'eus une carabine, une cartouchière, et mon chapeau céda la place à un képi. Mon uniforme était donc pour le moment exactement le contraire de celui du roi de Cambodge, qui, lui, n'avait pour toute tenue. . qu'une paire de bottes!

Enfin j'étais classé, j'avais une position militaire, celle de franc-tireur attaché au 12e bataillon.

Mon service ne devant commencer que deux jours plus tard, je les mis à profit pour voir mes amis et me promener dans Paris.

Le lendemain, j'allai remercier M. Houssard : nous déjeunâmes ensemble avec le colonel Mocquery, place Valois, au restaurant Boudigault, jadis célèbre comme lieu de rendez-vous de messieurs les gardes-françaises qui venaient avec toutes sortes de façons galantes, la moustache en croc, l'épée en verrouil, y provoquer messieurs de la garde suisse.

Là nous attendait un aimable Tourangeau, avec lequel je fis plus ample connaissance depuis, M. Desplanques, jeune conseiller général de l'arrondissement de Chinon.

M. Houssard nous raconta, en déjeunant, qu'à la Chambre, ils avaient été sur le point de proclamer la République quelques jours auparavant : « Cela n'a tenu qu'à un fil, » nous dit-il. J'ajoutai en riant : ce sera pour demain. Je me trompais d'un jour.

III

SÉANCE DU CORPS LÉGISLATIF. — LA NOUVELLE DE SEDAN. — LE MOUCHARD CORSE. — VOYAGE A BOIS-COLOMBES. — LE MONSIEUR QUI FUIT LES ÉMOTIONS. — COUPS DE PISTOLET. — LE 4 SEPTEMBRE.

En rentrant à l'hôtel, je trouvai le docteur Marchand qui m'attendait pour aller au Corps législatif; nous pensions avec raison que la séance serait émouvante.

Jules Favre parla longtemps, et au nom de la patrie expirante, il adjura le ministre Palikao de lui dire qui commandait à l'armée et donnait les ordres suprêmes.

Après quelques hésitations, le ministre répondit en balbutiant que, depuis le 15 août, l'empereur avait complétement cessé de donner des ordres.

Alors, de sa voix grave et solennelle: « Cet homme a cessé de gouverner. »

Le tumulte fut indescriptible: pour ma part, écoutant avidement l'orateur, je ne pus me contenir, et du geste et de la voix je laissai voir mon approbation. Le président Schneider, avec sa petite voix sèche, aigre et métallique, voulut faire évacuer les tribunes, ce fut impossible; un grand huissier à livrée rouge fit des efforts pour venir jusqu'à moi : je sortis, comme tout le monde, à la fin de la séance.

Marchand m'emmena dîner à Bois-Colombes. Partout, sur notre passage, des artilleurs plaçaient des canons, des ouvriers travaillaient à des redoutes ; il faisait chaud ; au dîner l'on but serré, d'abord au succès de nos armes, et ma foi, je l'avoue, l'on but aussi à la République, cette seule forme de gouvernement qui nous parût dès lors possible.

Il était tard quand je sortis de la gare St-Lazare : je ne trouvai âme qui vive dans les rues. Ce silence et cette absence de monde me parurent singuliers ; mais au moment où j'arrivais sur la place Vendôme, je me trouvai avec un monsieur d'un certain âge qui m'arrêta.

— Entendez-vous, me dit-il, ces cris sur le boulevard ?

En effet, au milieu du morne silence de Paris, l'on n'entendait sur le boulevard que la marche pesante de plusieurs milliers d'hommes qui poussaient régulièrement un cri : déchéance!... déchéance!...

C'est le commencement de la fin, me dit le grand monsieur; mais comme j'ai une maladie de cœur et que je dois fuir les émotions, je rentre chez moi.

Je n'avais pas la même raison pour fuir

les émotions: au contraire, à Paris j'en venais chercher; seulement il me semblait ridicule de se faire casser bêtement la tête dans une bagarre, en un pareil moment.

Je continuai ma route par la rue de Rivoli où je fus croisé par une centaine de sergents de ville qui passaient au pas de course, l'épée haute et le revolver au poing.

Cinq minutes après, j'entendis des coups de feu; la chose se dramatisait.

Je rentrai à l'hôtel plein d'anxiété et bien certain que le lendemain serait une révolution; le matin, à 10 heures, nous avions appris le désastre de Sedan, la capture de l'empereur; il n'y eut qu'un cri: « C'était prémédité. »

Prémédité ou non, l'Empire était à bas; j'en fis promptement mon deuil et je me félicitai, si j'avais à exposer ma vie, de n'avoir pas, du moins, à le faire pour un homme.

L'animation fut grande; au milieu des groupes, quelques personnages suspects, appartenant assurément à la police, essayaient de calmer la foule et parlaient de l'empereur; rien n'était désespéré, disaient-ils: on répondait par des huées.

Je vis tout à coup sortir du café de Rohan et traverser la place du Théâtre-Français, pour venir à notre groupe, un gros monsieur en paletot bleu et décoré, moustaches en brosse, favoris teints.

— « Tenez, me dit mon voisin: en voilà un qui appartient à la haute police; c'est un Corse, je ne sais pas son nom, mais je le connais de vue depuis dix ans. »

Le Corse dit deux mots; on le hua comme les autres. La figure de cet homme m'avait frappé, je le revis, le lendemain, parmi les sergents de ville sur la place de la Concorde et plus tard, à la fin du siége, dans une circonstance que je conterai. C'était bien un Corse : je sus plus tard son nom.

Le lendemain était le 4; je ne dirai rien de cette révolution qui n'en fut pas une, car jamais manifestation ne fut plus calme. Pas une épée ne sortit du fourreau, pas un coup de feu ne fut tiré; l'Empire était mort de sa belle mort, tombé de pourriture ou plutôt, comme l'a dit Gambetta, vomi dans le hoquet public.

Aussi pas un ne songea à le défendre.

Je me mêlai à un groupe d'étudiants et de journalistes. L'un d'eux me parla avec effusion d'un jeune compatriote plein d'avenir, mort depuis peu de temps, Victor Luzarche. Un autre causa longuement de la Touraine; sa mère, une de Vautibault, était de Ste-Maure. N'ayant point l'habitude des foules, je ne les quittai point de la journée et je fus piloté par eux jusqu'à l'hôtel de ville.

Jamais Paris changeant de gouvernement ne montra un pareil calme; seuls, les sergents de ville furent un peu maltraités, mais la vie d'aucun ne fut en danger.

Un seul incident, à ma connaissance, faillit devenir tragique : comme nous passions sur la place du Palais-Bourbon, après l'évacuation du Corps législatif, un commandant de gendarmerie se débattait au milieu d'un groupe qui voulait lui faire crier : Vive la République. Nous fîmes comprendre à ceux qui l'entouraient qu'il y aurait lâcheté de sa part à pousser un pareil cri ; qu'il fallait se contenter de celui de : vive la France ! qu'un soldat peut toujours crier.

L'officier s'entêtait dans son silence ; l'on voyait que son honneur était en jeu et la chose allait prendre une vilaine tournure, lorsqu'il céda à nos prières. Il était temps, les têtes s'échauffaient, il y avait quelques armes et la Seine n'était pas loin.

Je revis le lendemain M. Houssard ; l'honorable député était furieux, et je crus un instant qu'il allait me reprocher d'avoir fait le 4 septembre à moi tout seul. Je pensai qu'avec sa colère, bien qu'il ne soit point bonapartiste (il est trop intelligent pour cela), pouvaient bien s'exhaler quelques regrets pour l'Empire tombé ; je le crus d'autant plus facilement que, le jour de mon arrivée parlant de MM. M..., P... et B... de Sonzay, il m'avait dit avec un mouvement d'humeur : « Vos amis en font de belles ; savez-vous qu'ils n'ont pas voulu prêter serment comme conseillers municipaux ! »

Notre dernière entrevue fut assez froide : je ne le revis plus qu'après la guerre, à Neuillé, le 8 février 1871, jour des élections, jour, hélas ! où je votai pour lui.

IV.

CALME DE PARIS. — NOUVELLE ORGANISATION DE LA GARDE NATIONALE. — COMPAGNIES DE VOLONTAIRES. — RELATIONS A PARIS. — ÉMILE GROUSSIN, DELAUNAY, M. ARNAULT-JEANTY, PROU, BOISSONNADE. — EMPLQI DE MON TEMPS JUSQU'AU 18 SEPTEMBRE. — INVESTISSEMENT.

Dès le lendemain, Paris reprit son calme, et l'on peut affirmer que pas un vol, pas un acte de pillage ne fut commis.

Le peuple se contenta d'abattre les aigles dorés qui couvraient la capitale, Bonaparte en avait mis partout ; on fit disparaître le grotesque empereur, chaussé du cothurne et vêtu de la toge romaine, qui s'étalait sur la façade du bord de l'eau. Quelques inscriptions plus ou moins grossières sur les monuments publics furent toute sa vengeance ; ainsi, par exemple, l'on vit longtemps écrit à la craie et en grosses lettres, au-dessus de la porte des Tuileries :

LUPANAR IMPÉRIAL !

Ce que le peuple disait si crûment, chacun le pensait ; la veille, un honorable bijoutier du Palais-Royal, M. Guy, dont le nom est

connu partout, me racontait qu'il n'y 'avait
pas quinze jours qu'une dame d'honneur de
l'impératrice (quelle ironie!) était venue pour
lui vendre des diamants qu'elle avait volés à
sa sœur. « Et voyez, me dit-il, cet enchaîne-
ment de vilenies ; j'appris ce vol par l'amant
de cette même sœur, qui vint furieux chez
moi me demander si j'avais acheté une parure
de telle ou telle façon. »

« Oh ! monsieur, ajouta-t-il, que j'en ai vu
de saletés comme celle-là ; bijoutiers, ne
sommes-nous pas les confidents obligés de
ces honteux mystères ? »

Tout le monde sait avec quelle activité le
gouvernement organisa la défense ; chacun
se mit à l'œuvre, la garde nationale fut ré-
formée sur un nouveau pied, tout le monde
fut appelé, et il n'y eut plus ni bourgeois, ni
boutiquiers : tous furent soldats.

L'on créa par voie d'enrôlements des compagnies de volontaires attachées à chaque
bataillon et relevant des mêmes chefs : ce fut
l'origine des compagnies de guerre, plus tard
organisées en régiments.

L'on mit à leur tête des officiers sortant
de l'armée, des officiers de marine, des sous-
officiers de la ligne, véritable état-major
d'une armée de désespoir, mais qui avait
le suprême élément de résistance, l'enthousiasme.

J'eus la bonne fortune d'avoir pour colonel

le brave Mosneron-Dupin, qui sortait des chasseurs d'Afrique, et pour chef de bataillon un officier sortant de la même arme, le commandant Bernard, dont le nom fut mis à l'ordre du jour à la rentrée des troupes à Paris ; le même dont Thiers fit connaître la belle conduite à toutes les communes de France. Ces deux hommes furent mes officiers au 6me régiment de marche. Pendant trois mois, trois mois critiques, de novembre à février, je ne les ai pas quittés, je les ai vus à l'œuvre et je leur ai voué une grande admiration.

L'instruction militaire fut vivement poussée, nous faisions quatre heures de manœuvre par jour ; le tir à Vincennes, les promenades militaires nous laissaient peu de temps pour nos plaisirs. La garde nationale sédentaire, exclusivement composée d'hommes mariés ou de célibataires âgés de plus de 40 ans, ne restait pas inactive. D'ailleurs, le sentiment de la défense à tout prix était général et unanime ; ce fut bientôt l'unique préoccupation : l'on savait bien que la France était tombée mutilée à Sedan, que pour continuer son duel, elle n'avait plus qu'un tronçon d'épée ; mais l'on savait aussi que dans ce duel, elle saurait du moins sauver son honneur ; et puis, n'avions-nous pas Bazaine ; Metz tenait toujours, Strasbourg fumant était encore debout ; et nous avions la foi !

Vers le 8 ou le 10, nous reçûmes un contingent, Vinoy et ses vingt mille échappés de Sedan. Je vois encore sa pauvre artillerie entrer dans le jardin des Tuileries : les artilleurs étaient en blouse, quelques-uns portaient des casquettes, l'un d'eux avait un bonnet de coton et l'on voyait sa jambe nue sous un pantalon de toile bleue déchiré. Sous des harnais en cordes, de malheureux chevaux fatigués, blessés, la plupart boîtant très-bas, avaient peine à traîner les canons : j'étais avec mon ami Dumond : les pleurs nous gagnèrent.

Jusqu'au 18 septembre, jour de l'investissement complet, ne faisant point encore le service aux remparts, j'eus mes soirées libres. J'allais passer une heure ou deux avec mes deux compatriotes Émile Groussin et Joseph Delaunay : ce dernier, célibataire, fit partie comme moi de l'armée active, à partir du mois de novembre ; j'ajoute qu'il avait le feu sacré.

Notre lieu de réunion était passage Vivienne, au café Constant. Que de bonnes soirées nous avons passées là ; on parlait du pays, des absents ; nous supposions leurs inquiétudes, leurs espérances.

Je fis la connaissance de M. Arnault-Jeanty, homme aimable et fort instruit, un véritable charmeur, parent de Laboulaye et fils d'un ancien maire de Paris; il m'offrit tout de suite son amitié et sa bourse : j'acceptai l'une avec empressement et ne refusai point l'autre pour le cas échéant.

Dans une de mes promenades, je rencontrai un vieux et excellent ami de mon père, M. Rémy Belle, oncle et beau-père du maire actuel de Tours, qui, pendant la période critique du siége, ne fut pas deux jours sans prendre de mes nouvelles.

Enfin, j'allai voir mon ami Prou, le savant traducteur de *Philon d'Alexandrie*, chez qui je rencontrai Boissonnade, aujourd'hui chargé d'une mission en Chine et fils du célèbre helléniste.

Dumond venait me voir souvent et nous dinâmes ensemble le jour où le colonel Mocquery obtint le commandement du 124e de marche : ce soir-là, on arrosa les galons.

Je me promenais quelquefois avec un excellent garçon qui appartenait à une autre compagnie que la mienne.

Une fois, en passant mon bras sur le sien, je le vis pâlir et l'entendis pousser un petit cri ; il avait reçu, l'année précédente, un coup d'épée qui avait déterminé à l'avant-bras un petit engorgement, une espèce d'anévrisme, qui le faisait parfois beaucoùp souffrir ; et comme je lui demandais si ce coup d'épée avait une origine politique, voici ce qu'il me raconta :

« Un matin, un jeune homme que je connaissais très-peu, pour l'avoir vu seulement deux ou trois fois dans sa famille, avec laquelle,la mienne était liée, vint me souffleter chez moi, sans provocation ; toute explication fut inutile, et j'appris seulement à la fin de ma convalescence que sa sœur, mariée depuis quelques années, avait fait une maladie très-grave, et que, dans son délire, elle avait d'une façon significative bien des fois prononcé mon nom ; de là, jalousie du mari et fureur insensée du frère. »

Et comme je lui demandais discrètement s'il avait mérité ce coup d'épée :

— Moi ! ma foi non, je ne lui ai jamais parlé trois fois.

— Mais cette femme vous aime cependant ?

— Ça dépend.

— Comment, ça dépend ?

— J'ai un sacripant de cousin qui porte mon nom.

— Ah ! diable !

C'était un coup d'épée *déplacé*.

Trois mois plus tard, je rencontre mon ami dans la rue de Rivoli ; il était extrêmement pâle, et je lui demandai si son bras lui faisait mal.

— Non, me dit-il, mais je viens de la voir !

— Qui ça, elle ?

— La cause de ma blessure.

— Bah ! puisqu'elle vous est indifférente.

— Pas tant que ça.

J'ai toujours pensé qu'il voulait gagner son coup d'épée et je ne sais pourquoi je m'imagine qu'il y a réussi.

Trois ou quatre fois entre les appels ou la manœuvre, j'obtins des permissions que je mis à profit pour aller entendre au collége de France, en compagnie de M. Arnault-Jeanty : Renan, Theuriet, Laboulaye ou M. de Lomenie, qui nous racontait bien joyeusement les fredaines du jeune M. de Mirabeau.

Souvent encore, j'allais le soir chez mon ami Marchand, forcément revenu à sa maison de Paris, rue Lhomond ; nous redescendions ensemble le boulevard St-Michel, ce quartier si gai d'ordinaire, vrai boulevard de la jeunesse ; et quand nous avions écouté en plein air, pendant une demi-heure, les airs de *Lucie* ou du *Trouvère*, nous nous disions : bonsoir. La délicieuse musique, que celle de ces petits pifferari qui traînent chaque soir dans les rues ! un maître y trouverait à redire. — « Ce n'est pas ça, dit un jour une dame à côté de moi, mais c'est mieux que si c'était ça. » — Elle avait raison.

Quels merveilleux artistes que ces enfants de l'Italie, et quel artiste aussi que ce soleil qui les fait éclore.

La jeune fille qui joue du violon est belle

comme Olympia (beauté célèbre d'Italie) ; on bouleverserait tout Paris pour trouver une pareille tête ; c'est la beauté romaïne dans toute sa perfection : comme tout y est correct et largement dessiné, quelle ampleur dans la beauté !

La pauvre enfant est boîteuse, résultat, dit-on, de mauvais traitements, et malgré ses quinze ans, elle semble n'avoir pas encore conscience de son incomparable éclat.

Quand elle joue, sa figure s'anime et se colore un peu, mais quand elle repose son violon, elle devient triste et reprend sa pâleur de marbre : on dirait qu'elle pense à la campagne romaine, au ciel bleu du golfe de Naples, aux bois de lauriers roses, à l'éternel printemps de son pays, le pays de Mignon :

« Où fleurit l'oranger. »

Dans une de nos promenades avec M. Arnault-Jeanty, nous rencontrâmes Cochin, si connu comme philanthrope, mort depuis maire de Versailles.

C'était un homme de petite taille, à la mise fort simple, d'une physionomie timide et bienveillante, à l'air fatigué.

Mon compagnon échangea quelques paroles avec lui et avec un jeune lycéen qu'il paraissait connaître.

Deux fois j'allai aux concerts Pasdeloup qui se terminaient quelquefois par une conférence ; j'y entendis Lapommeraye, très-joli garçon, à la parole facile, un peu trop préoccupé de l'effet à produire. Il avait pris pour sujet : la *Femme près du blessé.*

Il parla de la femme du Nord, trop indolente dans ses prévenances, de l'Anglaise trop froide et trop compassée, de l'Italienne trop dangereuse, de la Française enfin, de la Parisienne surtout, si charmante quand elle dit : « Vous guérirez, je le veux. »

Parfois avec le colonel, nous faisions un tour de boulevards, puis nous revenions à notre petite société de l'hôtel des Empereurs, réunie au salon : elle se composait de M. Dumontheil, le chef de l'établissement, dont le fils, aux francs-tireurs de la Presse, eut la tête emportée par un boulet à l'attaque du Bourget ; d'une jolie Anglaise au teint chaud, aux cheveux à reflets d'aile de corbeau, qui ressemblait plutôt à une Espagnole qu'à une fille d'Albion et dont le mari, conducteur des ponts-et-chaussées à D..., travaillait aux travaux de défense de Paris.

Puis d'une jeune dame, femme d'un capitaine de mobiles de la V..., dont la laideur vraiment remarquable servait de repoussoir à la beauté scandaleuse de l'Anglaise, à laquelle du reste elle servait de chaperon.

Enfin du colonel et de moi.

Les jours se passaient ainsi, en attendant le premier coup de canon qui devait nous faire tressaillir et nous annoncer l'investissement complet. Ce fut le 19 que ce coup de canon fut tiré : la veille, le dernier train de Tours avait essuyé près d'Étampes le feu de l'ennemi ; il portait à mon adresse un colis contenant un revolver et de solides houseaux de chasse qui devaient me rendre de si grands services, alors que nous n'avions pour camper dans la boue que les petites guêtres en toile blanche de la maison Godillot.

V.

INVESTISSEMENT COMPLET. — COMBAT DE CHA-
TILLON. — PASSY. — AUTEUIL. — LE 56ᵉ
BASTION. — SERVICE AUX REMPARTS. — PRE-
MIÈRES GARDES. — MOT D'ORDRE. — INCENDIE,
PONTS QUI SAUTENT. — L'ATELIER DU PEINTRE
YVON. — LE DAIM. — LA DAME AU GENDARME.
— LA POPOTE. — UNE BALLE AUX REMPARTS.
— COMBAT D'ARTILLERIE. — DESTRUCTION DE
BRIMBORION.

Comme je n'ai point l'intention d'écrire
l'histoire du siége de Paris, de ses combats
et de ses batailles, je ne parlerai ici que des
choses que j'ai vues, des événements auxr-
quels j'ai été personnellement mêlé. Cependant, pour donner à mes notes un caractère
moins décousu, j'indiquerai sommairement
les faits principaux que je ne puis passer
sous silence et qui s'accomplissent sur des
points opposés à ceux que j'occupais.

Ainsi, le jour où ma compagnie monta sa
première garde aux remparts, nous entendîmes une violente canonnade du côté de
Châtillon.

Le général Ducrot avait essayé de barrer
le passage aux Prussiens qui avaient passé
la Seine du côté de Sceaux ou de Ville-

neuve-St-Georges ; il espérait ainsi sauver notre redoute de Châtillon dont la conservation devait empêcher l'investissement de ce côté.

Ce jour-là notre artillerie fut superbe ; malheureusement nous avions mis dans cet engagement trop de recrues, il fallut abandonner la position.

A partir de ce moment jusqu'à la fin du siége, le canon tonna sans relâche, les forts ayant pour mission de toujours tenir l'ennemi à distance.

Voilà donc ma compagnie installée au 56e bastion, près la porte d'Auteuil, à deux pas de la Glacière. Derrière nous s'étage Passy-Auteuil, avec ses splendides villas et leurs charmants jardins ; devant nous s'élève le fort géant du Mont-Valérien ; enfin à nos pieds et jusqu'au rempart, le bois de Boulogne présente un aspect désolé ; tous ses arbres sont à bas.

Le 56e bastion est armé de quatre pièces de 12 et d'une grosse pièce de marine ; au milieu, sous les épaulements en terre, la poudrière : c'est une place d'honneur.

Derrière le chemin de ronde, s'aligne une rangée de magnifiques habitations, d'architecture plus ou moins capricieuse, mais toutes irréprochables au point de vue du goût ; nous sommes à Paris ! Quelques-unes, à toits pointus et à tourelles surmontées de clochetons, affectent un cachet moyen-âge et rappellent les vieilles maisons de Bruges ou d'Anvers ; d'autres, au contraire, à toit plat, garnies de galeries, avec leurs vérandahs et leurs petites colonnes, sont de véritables constructions italiennes.

L'une de ces dernières, appartenant au peintre Yvon, nous fut donnée comme corps de garde. L'atelier, naturellement vide, était immense, et, comme le Dieu du sanctuaire, s'étalait peint à fresque un magnifique portrait de Michel-Ange en face la porte d'entrée.

Pauvre atelier, comme il fut vite profané ! Les charges du plus mauvais goût et les inscriptions les plus anacréontiques s'y empilèrent les unes sur les autres ; il fut dessiné pas mal de casques à pointes, autant de Vénus Callipyges. M. Bonaparte et son épouse y furent reproduits dans toutes les attitudes. Parmi ces vilenies, il y eut cependant des choses remarquables et que n'eût peut-être pas désavouées le maître du lieu.

Tous les corps de garde se ressemblent ; les mêmes mots se répètent, les mêmes scènes se reproduisent. Il y avait parmi nous bien des types divers ; le raisonneur, le fanatique, l'homme supérieur, le grincheux ; il y avait aussi des hommes aimables et de fins causeurs : nos soirées furent quelquefois charmantes.

Le jour, nous faisions l'exercice, nous montions la garde et nous avions, comme leçon, à apprendre la théorie des places.

Le premier soir, à la nuit, ma faction me parut solennellement triste. La nuit était très-noire et je ne voyais devant moi que la crête du Mont-Valérien ; le colosse était muet, mais j'entendais de temps à autre d'effroyables détonations, c'étaient les ponts d'Asnières, de Puteaux, de St-Cloud qu'on faisait sauter.

Puis tout retombait dans le silence qui n'était interrompu que par l'approche d'un officier de ronde ou du caporal qui venait nous relever.

— Qui vive? — Avance au ralliement!

Alors on échangeait le mot d'ordre.

De temps à autre, quand la nuit s'avançait, les sentinelles se prévenaient : — Sentinelles, prenez garde à vous! — Et suivant l'humeur du moment, chacun mettait dans ce cri une intonation théâtrale ou lugubre : pourtant, si loin de l'ennemi, en arrière des forts, comme nous étions peu en danger !

Comme distraction, dans les premiers jours, nous avions les cartes, les livres, les journaux, enfin quelques-uns jouaient au bouchon, tandis que d'autres à la cantine préféraient jouer du bouchon.

Naturellement on se triait ; mon escouade se composait de Jobert, un américain fa-

3

rouche qui ne connaissait qu'une solution en politique : la pendaison des rois ; de deux Parisiens, Wakernie et Marre, ce dernier ancien secrétaire de Vedi-Pacha à Beyrouth qui avait trouvé plus simple d'emmener une odalisque de Paris à Beyrouth que de ramener celle-ci de Beyrouth à Paris ; de cinq autres jeunes gens venus comme moi de la province et de M. Arnault-Jeanty qui, bien que marié et appartenant à la garde nationale sédentaire, avait obtenu de faire le service avec nous.

Notre garde aux remparts durait deux jours, après quoi nous rentrions à Paris pour nous refaire et recommencer le lendemain.

Jobert, en sa qualité d'ancien trappeur, faisait la popote qui parfois se donna des airs de festin, grâce à un continuel échange de bons procédés : M. Arnault-Jeanty fournissait le vin, Wakernie était chargé du café, moi j'apportais le meilleur des chocolats, le chocolat Perron ; ainsi des autres.

Un jour, notre repas était fini ; on servait la goutte avec une certaine solennité, c'était de l'eau-de-vie d'officier ; un sifflement se fait entendre et, à un pied de la tête de Jobert debout, une branche est vivement coupée.

Une balle lancée du bois de Boulogne par un mobile en maraude avait failli tuer notre ami et l'arrêter net au milieu d'une harangue commencée.

— Que ne sommes-nous princes, dit Jobert, nous aurions vu le feu !

Ce même jour, un incident burlesque nous mit en belle humeur : en parcourant la maison d'Yvon, nous trouvâmes, cachée dans une mansarde, une femme encore jeune, assez élégante, et vous ne devineriez jamais quoi... *proh pudor !* un gendarme !

La dame au gendarme et le gendarme à la dame furent conduits chez le commandant du secteur. Eut-il le mot du mystère, nous n'entendîmes parler de rien.

Le colonel Mocquery venait quelquefois nous trouver et partager notre lit de camp et notre repas ; or, comme il avait le soin d'apporter un énorme pâté, l'aimable homme était toujours le bienvenu.

Un jour, le dîner eut pour plat de résistance une gibelotte. Les lapins, quittant le bois de Boulogne ou les parcs de Passy, fuyaient affolés dans nos jambes et se faisaient prendre à la main. Peu s'en fallut que nous ne mangeâmes un daim qu'un artilleur tua devant nous d'un coup de bâton.

J'ai dit qu'en face s'élevait le Mont-Valérien, séparé de nous par le bois de Boulogne et la Seine ; à notre gauche, au-dessus de Saint-Cloud, se trouvait une redoute prussienne, dont nous distinguions, à l'aide d'une lorgnette, l'embrasure des canons ; c'était celle de Brimborion.

Un matin, le temps était superbe; les yeux fixés sur le Mont-Valérien, je me demandais pourquoi il était muet : je vis tout à coup un petit nuage blanc, puis j'entendis une détonation ; c'était le fort qui parlait, chaque obus allant éclater dans la direction de la batterie prussienne.

Celle-ci répondit d'abord mollement, puis s'anima ; ce fut bientôt un vacarme effroyable, et pendant deux heures que dura ce duel d'artillerie, la redoute prussienne disparut complétement dans un nuage de fumée ; enfin elle se tut.

— Ah le Mont-Valérien ! cria Marre, on disait qu'il ne *valait rien !*

Parfois nous faisions la chasse aux espions et, l'imagination aidant, Dieu sait s'il y en avait.

Cependant un jour, l'on prit dix personnes suspectes dans les talus du chemin de fer de ceinture, dont les terres étaient garnies d'acacias. Parmi ces prisonniers se trouvaient des femmes, des enfants, deux Allemands ; quelques-uns étaient armés ; il y eut des coups de pistolets.

Souvent, la nuit, nous avions des alertes, des appels aux armes ; pourtant, je le répète, nous étions bien loin du danger.

Parfois, le mot d'ordre était brusquement

changé, on recevait des consignes étranges.
Un soir entr'autres, le commandant du secteur, l'amiral Saisset, je crois, passant avec
sa lanterne sur le chemin de ronde, me dit
à l'oreille : « S'il se présente cette nuit un
homme en paletot bleu et en chapeau gris,
bien qu'il ait le mot d'ordre, vous l'arrêterez
et crierez : aux armes ! s'il résiste, faites
feu ! »

Jour et nuit, le Mont-Valérien avec les
pièces de marine fouillait les environs, lan-
çant surtout ses obus du côté de St-Cloud
et de Montretout dans la direction des bois ;
nous entendions aussi la fusillade et le crépi-
tement des mitrailleuses, car, chaque jour, il
y avait quelque reconnaissance.

Un soir, j'étais de faction, suivant attenti-
vement les obus qui, lancés du Mont-Valérien, venaient s'abattre un peu à ma gauche
dans la direction de St-Cloud ; le noble fort
lançait tranquillement ses projectiles, comme
un fumeur ses bouffées de tabac, sans se
presser : l'obscurité était complète, car le
ciel était couvert ; seulement j'étais parfois
vivement ébloui par la lumière électrique
qui, dirigée du fort, venait fouiller brusquement le bois de Boulogne jusqu'à mes
pieds.

Tout à coup, l'horizon s'éclaire, en un clin
d'œil le palais de St-Cloud est en feu ! Illu-
miné comme en un jour de fête, l'on voit ses

galeries, ses cascades, jusqu'à ses statues ; affolés sous une pluie de feu, hommes et chevaux, tout s'enfuit.

Le Mont-Valérien activa son tir ; en quelques minutes ses batteries firent rage, puis celles du Point-du-Jour vinrent mêler leur voix à la sienne. Ce fut effroyablement beau, et comme pour ajouter à l'effet du tableau, la nuit était si sombre, que je ne voyais ni les sentinelles échelonnées sur le bastion, ni la grosse pièce de marine près laquelle j'étais de faction.

Le service aux remparts était donc au début plein d'émotions et de fatigues, si vous voulez, puisque nous montions trois gardes par nuit ; mais nous sentions que ce n'était point là notre place ; cela ressemblait trop, pour beaucoup de Parisiens, à une partie de campagne ; ce n'était, après tout, qu'un service de garde nationale ; il serait bientôt temps de ne plus jouer au soldat.

Aussi, le 14 octobre, nous étions au repos à Paris ; le canon grondait du côté d'Issy et nous entendions la fusillade ; nous en profitâmes, une dizaine de camarades et moi, pour organiser une espèce de contre-guérilla.

Munis d'un laissez-passer nous arrivâmes promptement sur le théâtre de l'action ; c'était à Bagneux.

Malheureusement elle touchait à sa fin ; nous pûmes cependant admirer la belle tenue des mobiles de l'Aube, dont le commandant fut tué, et assister aux derniers coups de feu.

Après le défilé, je fis une rencontre inespérée : je retrouvai un ami d'enfance et de collége, Henry Hatry, attaché comme médecin militaire à l'état-major de Vinoy.

Le lendemain dans une petite chambre du boulevard Montparnasse, trois enfants du même village étaient assis sur une malle : au milieu, à la place d'honneur, une sœur hospitalière de Paris, à l'un des bouts son frère, chirurgien-major, et sur l'autre un volontaire du 12ᵉ bataillon : le hasard les avait réunis.

Hatry me raconta que, depuis que je l'avais vu, il avait fait la campagne du Mexique, celles de Crimée, d'Italie, qu'il était resté deux ans en Afrique, qu'enfin il venait de Sedan.

Je ne pus le revoir ; j'appris seulement que, sous la Commune, il avait échappé par miracle aux insurgés qui voulaient le fusiller.

VI.

Le jour même où eut lieu le combat de
Bagneux (14 octobre) parut un décret du
gouvernement ordonnant la formation de
compagnies de guerre prises dans la garde
nationale par voie d'enrôlements.

Certes, c'était là une bonne mesure; mais
l'on eût pu la prendre plus vigoureuse; en
ne s'en tenant pas à l'initiative personnelle,
l'on eût pu de suite, par une mobilisation
forcée, doubler les forces de la défense; on
le fit trop tard et je pense que ce fut une
grande faute.

L'armée active s'augmenta donc de 30,000
hommes, et à partir de ce moment se com-
posa de trois éléments : les régiments de
ligne, la garde mobile et les régiments de
marche.

Ces compagnies de guerre furent immédiatement organisées en bataillons, régiments, brigades : en quatre jours, elles furent
équipées au grand complet. Plus heureux
que nos camarades de province, nous fûmes

convenablement habillés ; longues capotes,
ceintures de flanelle, couvertures, bidons,
musettes, rien ne nous manqua ; seulement
nous péchions par la base ; nos souliers, affreux godillots, ne valaient rien.

Je fus incorporé sous le n° matricule 1,334
à la 3ᵉ compagnie, 1ᵉʳ bataillon du 6ᵉ régiment
de marche, et j'eus la chance de conserver
pour chefs le colonel Mosneron-Dupin et le
commandant Bernard. Mon capitaine, un
aimable homme que je voudrais revoir, était
presque mon homonyme et s'appelait Jeoffroy ; il avait pour second un parent de
M. Arnault-Jeanty, Hamerel, et pour sous-
lieutenant un jeune blondin qui mérite une
mention toute particulière, car à vingt-six
ans il avait déjà fait ses preuves, ayant eu la
poitrine traversée par une balle à sa dernière campagne ; Martel était notre camarade
et nous le tutoyions presque tous en dehors
du service.

L'adjudant-major, M. de G., était un beau
ténébreux, sorti de l'école de la Flèche, qui
paraissait connaître le plan de Trochu, en
faire fi, et en avoir quatre ou cinq en réserve,
dont le plus mauvais devait infailliblement
sauver Paris et la France.

J'ai oublié de parler de notre armement.
Deux bataillons, le second et le troisième,
eurent des chassepots ; le premier, celui au-
quel j'appartenais, eut le fusil Snider, arme

à tir rapide comme le chassepot, et que j'aurais préféré à ce dernier si sa portée eût été aussi bonne.

On passa, dans là cour du Carrousel, une grande revue pour la reconnaissance des officiers et pour la distribution des fanions qui furent remis aux compagnies par MM. Dorian, membre de la défense nationale, et Tenaille-Saligny, maire du 1er arrondissement.

Le général Clément Thomas, qui devait plus tard mourir d'une façon si tragique, accompagné du colonel, passa devant les compagnies et nous assura que le régiment ferait partie de la première sortie. Il fut acclamé!

En quelques jours, nous fûmes au courant des manœuvres d'ensemble, les officiers étaient émerveillés.

C'était en vérité une belle armée que cette nouvelle venue, en partie composée de volontaires de 30 à 40 ans, intelligents et instruits pour la plupart et décidés à faire le sacrifice de leur vie.

Il était évident qu'on nous mettrait prochainement en ligne; aussi la garde nationale sédentaire voulut offrir une fête à ceux qui, sortis de ses rangs, allaient faire campagne.

Les trois compagnies de mon bataillon furent donc invitées à prendre leur part d'un punch dans la salle de la redoute de la rue Jean-Jacques Rousseau.

L'immense salle fut décorée de trophées militaires, au-dessus desquels fut réservée une place d'honneur pour les officiers.

La soirée fut charmante et pleine d'entrain ; on entassa toasts sur toasts, et comme Marre était des plus lettrés, le sien fut en vers :

« Je ne vous dirai pas : messieurs ni citoyens ;
Pour nous chacun de vous est un bon camarade.
Je voudrais donc autant qu'il est en mes moyens,
Avant de vous quitter vous donner l'accolade.
Je ne serai pas long, ainsi rassurez-vous ;
D'ailleurs est-il besoin d'un discours entre nous ?
Merci, mes chers amis, de l'heureuse pensée
Qui nous a fait ensemble ici nous réunir.
Nous savons que ce soir plus d'une main pressée,
Dira que le passé répond de l'avenir ;
Qu'un même cœur battra dans toutes nos poitrines,
Qui, peut-être, bientôt, au feu seront voisines,
Et que nous voudrons tous, ici comme là-bas,
Vivre en frères toujours, ou mourir en soldats ! »

Un jeune volontaire déclama des vers de Victor Hugo empruntés aux *Châtiments*, Le sous-lieutenant Leteux, de la 1re compagnie, un véritable enfant de Paris, fut superbe de crânerie ; comme on parlait d'offrir un fusil d'honneur à ceux qui se distinguaient ; un fusil d'honneur ! allons donc, c'est un *râtelier* que je demande pour ma compagnie !

Le même Leteux, lorsque le colonel donna

le signal de la retraite, eut un geste héroïque :

— « La retraite, jamais! la charge, toujours ! »

Sans la présence du colonel, il aurait été débité une ample moisson de sottises ; mais, que voulez-vous, le punch avait mis du vent dans les voiles et la vie était si capiteuse dans ce capiteux Paris !

Le lendemain de cette fête devait être bien triste, car en présence de l'ennemi qui nous épiait, nous devions marcher pour la première fois avec des armes chargées, contre des Français, des frères égarés.

Le 29, les francs-tireurs de la Presse s'étaient emparés par un hardi coup de main du village du Bourget, situé en avant de St-Denis ; mais, le lendemain, avec la nouvelle de la reprise de ce village, nous parvenait celle non moins triste de la capitulation de Metz. Paris fut frappé de stupeur.

J'arrivais précisément de St-Denis où, muni d'un laissez-passer, j'étais allé voir M. Mocquery qui organisait son régiment, le 124e. J'avais trouvé le colonel furieux contre le général de Bellemare qui n'avait pas su envoyer assez de troupes et surtout assez d'artillerie pour conserver cette position : j'étais arrivé à St-Denis au moment même où,

par le côté opposé, rentraient nos troupes
refoulées et battues.

Il pouvait être quatre heures lorsque je
rentrai à Paris ; l'émotion était grande et
avait conduit à l'hôtel de ville un bataillon
de garde nationale assez mal noté, celui de
Flourens, les tirailleurs de Belleville.

J'avais la permission du soir : j'en profitai
pour aller voir M. Arnault-Jeanty, qui me
parla de ce qui se passait : « Belleville s'agite
« un peu, me dit-il, ce ne sera rien, allons
« voir un club, rue Jean-Lantier : je parie
« que j'y trouverai cette canaille de Grand-
« jean, l'ami du docteur Pillault ; allons. »

La petite rue Jean-Lantier était pleine de
monde ; nous eûmes beaucoup de peine à
entrer dans la maison d'école où se tenait
le club ; je fus bousculé dans l'escalier et
perdis M. Arnault-Jeanty. Je trouvai, un
instant après, un monsieur de la rue de
Rivoli aux prises avec un gros personnage
court, trapu, qui voulait lui arracher sa décoration ; c'était le fameux Grandjean, plus
tard condamné à dix ans de forteresse.

J'entendais autour de moi des cris peu
rassurants. — « C'est la bonne, cette fois !
nous les tenons ! Trochu comme les autres. »

Après beaucoup d'efforts, je pus arriver
près du garde national décoré, que j'avais
pris à cause de sa décoration même pour
M. Arnault-Jeanty, j'appliquai sur la tête de

Grandjean un vigoureux coup de poing avec mon revolver non chargé et lui fis lâcher prise : l'escalier était sombre, je ne retrouvai mon ami que dans la rue.

Dans le quartier on battait le rappel ; je me lançai dans la direction de la cour des Messageries, où le clairon de ma compagnie sonnait l'assemblée. Cinq minutes après, le bataillon, sac au dos, était dirigé sur la place Vendôme

Mon bataillon fut rangé à droite, et comme ma compagnie touchait presque le socle de la colonne, j'eus le temps d'examiner celle-ci à mon aise et d'en bien voir les détails.

Eh bien, je l'avoue, je suis complétement de l'avis de Courbet : c'est une œuvre pitoyable au point de vue de l'art ; ses bas-reliefs sont affreux ; casques, canons, soldats, tout y est de même hauteur : l'on dirait qu'un écolier ignorant des règles de la perspective a dessiné tout cela.

J'ajoute que je suis encore de l'avis du duc d'Aumale : un simple voltigeur eût avantageusement remplacé le ridicule empereur Romain qui surmonte sa coupole.

« Vous admirez la statue, me dit à l'oreille un volontaire ; ah ! le gredin, qu'il a fait de mal. » Et d'une voix plus basse, mais pleine d'énergie, il me récita les vers suivants :

« Si le sang que tu fis répandre
« Ici pouvait se reverser,
« Tu prendrais un bain sans descendre
« Et tu boirais sans te baisser ! »

Je ne suis pas poète, bien que je sois le fils d'un homme qui en ait terriblement commis en sa vie, des vers ; je n'entends rien aux règles de la prosodie et ne puis dire si ceux-là étaient reprochables en la forme ; mais ce que j'affirme, c'est que merveilleusement dits comme ils l'étaient, je les trouvai dignes de Barbier.

Au moment où nous allions partir, un monsieur jeune, très-grand, coiffé d'un képi, voulut passer ; la sentinelle qui gardait les faisceaux, lui barra le passage.

— Membre de la défense nationale, dit-il ; — en effet, c'était Ferry.

Il me touchait presque à ce moment ; je n'ai donc oublié ni un trait de sa figure, ni un mot de ce qu'il nous dit :

— « Messieurs, une poignée de drôles tiennent en ce moment prisonniers les membres du gouvernement : Trochu, Jules Favre ! le plus grand citoyen du monde. Moi-même je me suis échappé par miracle de leurs mains. Vous allez marcher sur eux, mais autant que possible pas de coups de fusil ; ces gens-là ne méritent qu'une tirée d'oreilles. »

L'on a depuis accusé Ferry d'avoir eu des

sympathies pour la Commune, alors surtout
qu'il était de bon genre de crier contre les
républicains ; depuis la chute de Thiers,
c'était bien porté : j'affirme sur l'honneur
avoir entendu ces paroles que cent hommes
ont entendues comme moi.

Le bataillon fut dirigé sur l'hôtel de ville
où l'émeute fut bientôt maîtrisée. Nul ne fit
usage de ses armes, toutes les issues furent
gardées. Cependant Trochu ne put être dé-
livré que fort tard dans la nuit ; il passa au
milieu de ma compagnie qui barrait l'avenue
Victoria et refoulait chaque insurgé qui cher-
chait une issue; pas un n'échappa, ils furent
pris comme dans une souricière.

Telle fut cette triste échauffourée, qui
donna tant de confiance à l'ennemi et fut
assurément la cause de tant d'indécision
dans les conseils et les opérations de la
défense.

VII.

COMMENCEMENT DE LA PÉRIODE CRITIQUE. — JE VOIS TROCHU. — CHERTÉ DES VIVRES. — MALADIES. — PRIX DE CERTAINES DENRÉES. — LE MOUCHARD DU 3 SEPTEMBRE.

Que d'événements depuis quelques semaines, que de pages d'histoire entassées sur d'autres, que de tristesses sur tristesses !

Nos mauvaises nouvelles nous parvenaient par Bismarck, celles qui nous procuraient quelque espérance arrivaient on ne sait comment, et depuis six semaines nous n'avions rien reçu de la délégation de Tours.

Paris était dans un état d'exaspération menaçant : l'on nous cache d'affreux malheurs, disait-on ; pourquoi ce silence, ne sommes-nous pas préparés à tout ?

Un soir, nous causions de tout cela au café Vivienne avec Émile Groussin et Delaunay et nous nous disions que la seule cause de ce silence devait être l'absence des pigeons qui ne voyagent plus par le brouillard ; nous nous rappelions qu'en effet, dans nos chasses d'hiver, c'était toujours par le brouillard que nous surprenions les ramiers qui ne savaient où se diriger.

Il était 8 heures, je rentrais par la rue de

Rivoli, lorsque, passant devant l'hôtel du
gouverneur, je demandai Trochu.

J'étais entré un peu machinalement, j'expliquai à son aide de camp que, chasseur,
habitant la province, j'avais souvent remarqué cette circonstance connue de tous ceux
qui battent la plaine, que par d'épais brouillards, incertains de la direction à prendre,
les pigeons ne voyageaient plus ; j'ajoutai
qu'un mot dans le *Moniteur* pouvait calmer
Paris.

Au moment où j'allais sortir, parut un officier supérieur qui me remercia d'un mot. Je
le pris pour Trochu, n'ayant fait que l'entrevoir, et ne le connaissant point encore pour
l'avoir vu, comme je le vis plus tard passer
à deux pas de moi, le 2 décembre, sur les
pentes de Nogent ou de Rosny.

Le lendemain, une affiche apprenait aux
Parisiens que la persistance du brouillard
avait seule empêché le retour de nos précieux messagers.

La période critique commençait vraiment ;
le pain, de convenable qu'il était d'abord, devint tout à coup mauvais et cela sans transition : on le rationna ainsi que la viande de
cheval ; aussi dans quelques jours la mortalité devint effrayante.

Tous les animaux de boucherie, bœufs,
vaches, porcs, moutons, parqués dans des
endroits trop étroits, privés d'air, étaient

morts comme des mouches; le lait manqua complétement.

Beaucoup de personnes dans les rues étaient prises de faiblesses. Moi-même, un jour, je tombai épuisé sur une marche de la cour du Louvre; cinq minutes après j'étais debout, pour retomber encore. Je pris force café, j'achetai du cacao en tablettes et me remis assez vite.

Du pain de froment au pain de seigle et d'avoine, la transition avait été trop brusque et le même jour les défaillances furent nombreuses.

Quelle tristesse dans Paris! Le jour, chacun était encore secoué par le tohu-bohu incessant des bataillons qui passaient, des canons qu'on roulait d'un point à un autre, des voitures d'ambulance qui ramenaient les blessés, car l'on se battait tous les jours; la canonnade était incessante comme la fusillade.

L'activité y était fiévreuse dans la grande cité; on fabriquait des armes, on lançait des ballons, et les canons qui exigeaient autrefois un travail continu de trois mois, étaient coulés et achevés en 12 jours.

Mais le soir, quel aspect sépulcral; point de gaz dans les rues, beaucoup de magasins fermés, et parfois un passant avec une lanterne.

Et la vie, comme elle était chère! Un pied

de céleri valait 10 fr., un poulet 25 fr., je vis M. Arnault-Jeanty payer un lapin 30 fr. ; il était enchanté.

On commençait à mettre en étalage des brochettes de rats, des pâtés de rats. Rue St-Georges, j'en vis de très-appétissants cotés 1 fr. la pièce.

J'en achetai deux chez un rôtisseur de la rue Monsieur-le-Prince, je les fis hacher devant moi et mettre dans une croûte de fort bon aspect. Le contenant et le contenu m'avaient coûté 10 fr. Marchand chez qui je les portai et moi, nous n'en fîmes qu'une bouchée.

Quant aux chats, cela va sans dire, il n'y en avait plus depuis longtemps.

Pourtant nous n'étions pas au plus étroit du défilé ; plus tard, en janvier, une petite boule de son devait remplacer le pain de seigle et d'avoine, et l'on devait résolûment s'attaquer aux viandes impures. Il y en eut alors qui mangèrent leur meilleur ami : leur chien.

Tout y passa, les rares chevaux de luxe, épargnés jusqu'à ce jour, furent les dernières victimes. Il y eut un moment où un domestique pouvait dire : « Les chevaux de Mme la baronne sont sur la table. »

L'on fut obligé de sacrifier quelques animaux du Jardin des Plantes ; et c'est ainsi que je mangeai de l'éléphant, un morceau qui n'était ni bon, ni mauvais, mais dont l'aspect, avant la cuisson, me parut repoussant.

Sa chair noire et violacée a l'air d'une viande congestionnée et sent mauvais. Le jour de la bataille de Champigny, j'ai mangé d'un gigot de chien, et bien que ce ne soit pas un mets de gourmet, je préfère ce dernier rôti.

Avec une pareille alimentation, tout homme malade était un homme mort : l'on avait encore quelques œufs destinés aux ambulances et c'était, avec le vin qu'on possédait du reste en suffisante quantité, la seule nourriture des convalescents.

Partout ailleurs, la cuisine était devenue une chose sans nom, de la chimie expérimentale. Quant aux nouveaux-nés, ils mouraient en naissant, et je doute qu'un seul ait survécu.

Pour compléter cette situation lugubre sinon désespérée, l'ennemi au dehors qui nous enserre, l'insurrection menaçante au dedans.

Pourtant Paris ne poussa pas un cri de détresse et plus que jamais se prépara à la résistance, bien décidé, s'il devait périr dans cette étreinte de fer, à harceler l'ennemi sans merci.

Cependant les femmes n'ont plus de lait pour leurs enfants, plus de bois, plus de charbon, bientôt plus de pain ; elles passent une journée à attendre quelques grammes de cheval que la boucherie ne leur donne pas toujours ; leurs maris sont aux remparts ! elles ne poussent pas une plainte, et vienne le moment suprême, elles égaleront en héroïsme leurs sœurs de Sarragosse.

J'écris ces mots à tête reposée, cinq ans après ce siège mémorable, et je ne puis m'empêcher de crier :

Vive Paris !

Un soir, avant le dernier appel, je flânais sous les arcades du Théâtre-Français, lorsque je fus croisé par un homme qui portait l'uniforme de lieutenant-colonel de mobiles.

La figure du mouchard Corse au 3 septembre m'avait frappé : à son dos légèrement voûté, à ses souliers sans talons, et malgré ses favoris déteints, je reconnus mon Corse.

Corse, homme de police sous l'empire, aujourd'hui en uniforme, cela me parut étrange : je voulus en avoir le cœur net, et tout en le suivant, j'appelai à mon aide deux officiers de mobiles qui passaient ; l'un d'eux, de la Vienne, du nom de Montaubin, était parent de mon ami M. Maillard.

Le Corse se sentant filé, s'engagea rapidement dans la rue Ste-Anne, et au moment où nous pensions le tenir, disparut comme une vision.

Cet homme, pour moi, était suspect et cachait un mystère. Après avoir mis les officiers au courant de ma préoccupation, nous entrâmes ensemble au café de Rohan ; j'étais très-animé par cette chasse manquée. — Tenez, dis-je aux officiers qui m'entouraient, je vais dessiner de mémoire, sur cette carte, la tête de l'homme qui vient de nous échapper.

« Je le connais de vue, dit l'un d'eux, il demeure hôtel d'O..., rue d'Alger.

En rentrant, je passai à la direction du *Rappel,* où je trouvai une dizaine de rédacteurs autour d'une grande table. Je leur racontai ma chasse à l'inconnu, mes préoccupations, et pour plus amples renseignements, j'indiquai le numéro de la rue Ste-Anne où demeurait l'ancien garçon de café qui me l'avait désigné avec tant d'assurance le 4 septembre comme appartenant à la haute police sous l'empire.

Huit jours après, un journal m'apprenait que deux Corses, dont l'un portait le nom de F..., avaient été arrêtés hôtel d'O..., tous deux pour port illégal d'uniforme, puis enfin relâchés. J'appris aussi, plus tard, que l'un d'eux, le mien, avait véritablement obtenu un commandement dans la garde mobile, et qu'à l'attaque de la Malmaison il s'était distingué.

Il y a dans tout cela quelque chose de sin-

gulier ; qui sait ? L'on a bien vu dans les premiers jours de janvier une grande sortie
contremandée, alors qu'en pleine nuit, avec
tous nos objets de campement, nous atten-
dions l'ordre du départ. A cinq heures,
50,000 Allemands nous attendaient sur le
plateau de Châtillon, où nous devions nous
porter.

Toute la presse cria à la trahison ; les plus
modérés des journaux, le *Temps,* les *Débats,*
demandèrent le coupable.

Il y eut une *indiscrétion,* dit le *Moniteur,*
une indiscrétion de femme de chambre...

Ce fut tout.

VIII.

Le moment des grandes batailles est
arrivé ; une proclamation de Ducrot à la
façon romaine électrise tous les cœurs ;
c'est un véritable *sursum corda* que ces
fières paroles d'un soldat qui veut vaincre
ou mourir !

Le 29 novembre, à la pointe du jour, nous
débouchons en colonnes serrées entre les
forts de Vanvres et de Montrouge ; le temps
est superbe, on marche comme pour une fête.
Le canon tonne de toutes parts, et la fumée
des forts nous enveloppe comme dans un
nuage, la mise en scène est splendide ! Est-ce
pour aujourd'hui la percée ? Comme tous les
cœurs tressaillent !

Nos régiments de marche vont au feu pour
la première fois : quel jour, quel enthousiasme ! Massés en avant de Bagneux, nous
avons les pieds dans des champs de rosiers,
à Bagneux on cultive en grand les roses, et
sur la chaussée qui nous fait face passe un
général qui nous crie : « Tout va bien, l'Hay

« est enlevé à la baïonnette, le village est à
« nous ! »

On lui répond par les cris : en avant !

A neuf heures, nous apprenons une fâcheuse nouvelle ; le passage de la Marne est manqué, une crue s'est élevée, la sortie principale est à recommencer.

Nos régiments, si beaux le matin, rentraient le soir la tête baissée, et nous ne savions que répondre à la population qui, haletante, nous demandait des nouvelles.

Le lendemain, dès le point du jour, nous arrivions de nouveau sur le plateau de Vincennes. Il était six ou sept heures, l'action était déjà vivement engagée devant nous sur les pentes de Villiers, et notre première rencontre fut celle d'une colonne de 200 prisonniers que l'on ramenait à Paris.

C'était un beau début ; en effet, la journée fut très-belle pour nos armes : le plateau de Villiers fut pris et repris et enfin nous resta. Ce fut tout, l'on ne fit point donner les réserves et nous restâmes masqués toute la journée derrière la redoute de la Faisanderie.

Le froid était excessif ce jour-là, et notre inaction nous fut doublement pénible ; nous étions 20,000 hommes de réserve, pourquoi ne pas nous avoir utilisé ?

Peut-être n'avait-on pas confiance en nous, peut-être espérait-on nous habituer insensi-

blement au feu. Mauvais moyen pour l'habituer au feu, que de tenir une troupe à un
kilomètre de l'action, alors qu'elle ne peut
suivre les incidents de la lutte, et qu'elle se
morfond par un froid de 10 degrés.

Peut-être aussi, voulait-on nous aguerrir
par la vue des blessés que ramenaient devant
nous d'innombrables voitures d'ambulances :
c'est encore là un triste spectacle, mal fait
pour donner du cœur, que la vue de ces
yeux à demi-fermés, de ces têtes pendantes,
ou de ces hommes soutenus par des caco-
lets. Chose lamentable ! j'ai vu un officier
d'artillerie qu'on ramenait roulé dans des
couvertures ; il était fou à lier. J'ai vu un
pauvre zouave dont la tête pendait comme
celle d'un veau à l'arrière d'une voiture de
boucher.

Et le soir, au moment de la retraite, quand
nous descendions le petit village de Nogent,
notre colonne fut arrêtée par une longue file
de voitures ; une bande noire en indiquait la
destination :

Sépulture militaire.

Assurément l'on eût mieux fait de nous envoyer au feu dès le matin, et ce jour-là nous
eussions fait notre devoir comme nous l'avons
fait plus tard.

C'est ce même jour que nous eûmes connaissance d'un fait atroce commis par les

allemands et qui se serait passé un peu en avant de Champigny.

Nous gravissions un petit village que je crois être Rosny ; la rue était étroite, longue et d'une pente rapide, mais nous marchions allègrement soutenus que nous étions par le tambour, Murmure qui battait la charge avec un brio peu commun et par le fameux refrain d'alors que tout le monde chantait :

« A deux sous tout le paquet, etc.

Entraîné par la mesure, un jeune aumônier en bottes molles faisait chorus avec nous ; tout à coup la colonne fut obligée de se ranger pour faire place à de pauvres lignards blessés, qui nous racontèrent encore frémissants et tout émus, qu'un quart d'heure auparavant une compagnie de leur bataillon avait été lâchement massacrée par une compagnie ennemie avec laquelle elle était aux prises, au moment où celle-ci faisant mine de se rendre avait levé la crosse en l'air, le bataillon qui les appuyait, témoin de cette atrocité, l'avait fait payer cher aux allemands, — il n'y eut pas de merci !...

Il est difficile de dire l'exaspération qui s'empara de nous. Si à ce moment l'on nous eut mis en ligne, il se serait passé probablement quelque chose d'épouvantable ; je n'en veux d'autre preuve que le cri un peu trop énergique poussé par le plus mou et le plus

timide de la compagnie : « mille nom de.…
comme nous allons nous venger ! »

Celui qui l'avait poussé, enrôlé malgré lui
au 6e de marche au moment de la mobilisation, avait failli mourir de peur un peu plus
tard aux avants-poste où nos sombres his-
toires de sentinelles enlevées l'avaient affolé !
chaque malade qui disparaissait, grâce aux
tragiques détails que nous avions soin de lui
donner, devenait, pour ce malheureux, un
homme tué à l'ennemi dans d'effroyables circonstances : tel soir on avait trouvé près de
la butte au moulin la tête de B... tel autre
deux jambes coupées près du tronc, c'étaient
bien celle de C. ainsi que l'indiquait le n˙ matricule du pantalon, nous connaissions les
souliers, il y manquait deux clous.

Notre conduite vis-à-vis de ce pauvre garçon, était parfaitement absurde ; au lieu de
l'affoler par nos contes ridicules, prenant en
pitié sa faiblesse d'esprit, nous aurions dû au
contraire chercher à lui remonter le moral ;
d'ailleurs il a dû se trouver à Buzenval et je
n'ai pas entendu dire qu'il y ait fait plus mauvaise figure qu'aucun de nous.

Deux heures plus tard, un misérable, un
lâche assurément, était passé près de moi,
portant comme un trophée, une main coupée
et attachée sur son soc ; c'était hideux !

Curieux incident à noter : le matin, lors de
notre rencontre avec les prisonniers, ceux-ci

s'étaient frappé la poitrine d'un air suppliant en criant : Saxs! saxs ! en effet c'étaient de jeunes saxons ; l'un d'eux s'adressa au caporal qui était près de lui.

— Je vous connais, lui dit-il, vous vous appelez Petit, vous êtes venu l'année dernière dans une fabrique d'engrais où j'étais employé à Saint-Denis ; vous étiez à cheval votre frère conduisait une voiture.

— Je ne vous reconnais pas, dit Petit, mais je me rappelle parfaitement cette circonstance, comment se fait-il que vous ayez pris les armes contre un pays qui vous avait accueilli ?

— Que voulez-vous ! j'ai cédé à l'élan national, il ne faut pas me le reprocher.

Allons ! dit Petit, la main, et : à bas Bismarck !

— Jamais monsieur, jamais, crions si vous voulez : vive la République ! bien que ce soit encore trop tôt pour nous.

Le 2 décembre, l'action s'engagea de nouveau sur les pentes de Champigny. Comme à Villiers, la lutte fut terrible, mais comme à Villiers la réserve resta inactive. Notre journée se passa à battre la semelle sur le coteau de Nogent, à deux kilomètres du champ de bataille, où le soir, après avoir repoussé l'ennemi du plateau, nous avions perdu 6,000 hommes, l'acharnement avait été tel,

que trente zouaves furent trouvés morts dans
la même maison.

Trochu fut brave, et chargea à la tête d'un
régiment qui pliait; Ducrot fut brave, mais
l'investissement ne fut pas rompu, et le soir,
ce général rentra à Paris, n'étant ni mort ni
victorieux.

Ces deux journées, d'une lutte à laquelle
nous n'avions pris aucune part, nous avaient
moralement et physiquement harassés, et
nous nous demandions pourquoi ces marches
et ces contremarches, si nous ne devions servir que de comparses.

L'on a prétendu qu'en nous faisant passer
le matin le long du bois de Vincennes, on
avait voulu intimider l'ennemi par la vue
d'un long défilé : nous étions les soldats du
cirque !

Quoi qu'il en soit, nous étions moulus, car
ce jour-là nous avions dix lieues dans les
jambes et rien dans le ventre : or, s'il faut
en croire le proverbe espagnol, c'est ce dernier qui porte les jambes. Il y eut beaucoup
d'éclopés, et pour nous refaire, nous eûmes
deux jours de repos : j'en profitai pour voir
mes amis et me promener avec M. Arnault-
Jeanty.

En passant rue des Francs-Bourgeois, il
voulut entrer dans une ambulance, dirigée
par sa belle-mère, Mme de la Chaussée.

Deux officiers de mobile étaient près du

feu, dans un superbe appartement : sur la table, cinq à six livres fermés et autant de bouteilles de vieux bordeaux débouchées : le doute n'était point permis, j'avais là devant moi deux victimes de la guerre, deux blessés qu'avait cloués sur leurs chaises, longues et mollement rembourrées, une balle ou quelque éclat d'obus.

— Eh bien, capitaine, comment allez-vous ?

— Je suis enrhumé.

Je me retournai vers le lieutenant ; là, je vais trouver ma balle, pensai-je.

— Et vous lieutenant ?

— Je suis fatigué !

« Lâches et gredins, me dit M. Arnault-Jeanty, en sortant ; ils vont passer le temps du siége à boire le vin de ma belle-mère et à se chauffer les pieds ; qu'il y en a comme cela ! »

Non, heureusement, il n'y en avait pas beaucoup comme ceux-là, mais il y en avait quelques-uns.

IX.

AUX AVANT-POSTES. — ARCUEIL. — CACHAN. —
NOTRE ESCOUADE. — MA CHAMBRÉE. — DINERS
SOMPTUEUX. — LACOSTE, MARTIN L'ENCHANTEUR.
— LE POSTE DU CAVALIER. — TRAVAIL AUX
TRANCHÉES. — NOS DISTRACTIONS. — LA CORVÉE
A L'EAU PRÈS DE LA BIÈVRE. — BEAUCOUP DE
MALADES. — 22 JOURS ET 22 NUITS SANS QUITTER
LES BOTTES. — RETOUR A PARIS.

Le 9 décembre, chaque compagnie reçut
l'ordre de se tenir prête à partir avec tous
ses effets de campement : nous allions aux
avant-postes et le départ devait avoir lieu le
lendemain à 10 heures. J'écrivis à M. Belle
pour lui faire mes adieux ; voici sa réponse
que je transcris tout entière, tout en protes-
tant contre sa forme élogieuse, pour prouver
combien l'excellent homme était affectueux
et bienveillant pour moi :

« Que je suis donc fâché, mon jeune ami,
de ne pouvoir répondre à votre appel si cor-
dial ! Le catarrhe du pauvre vieux, alimenté
par sa dernière faction, paralyse son bon
vouloir.

« Partez donc, accompagné de mes vœux
les plus sincères pour votre succès, et aussi

5

pour votre conservation. Quand on se dévoue
comme vous le faites, pour la mère-patrie,
notre mère commune à tous, on emporte avec
soi tous les sentiments de tendresse, d'affec-
tion et de solidarité de ses frères. C'est noble
et digne d'un grand cœur. N'oubliez pas de
m'apprendre ce qui vous adviendra, et croyez
bien à toute mon estime et à mon affectueux
dévouement. »

Le départ fut magnifique ; on avait eu soin
d'intercaler un bataillon de ligne entre un
bataillon de marche et la mobile ; excellente
mesure qu'on eût dû prendre plus tôt, et qui
avait pour but, tout en entretenant l'émula-
tion entre les différents corps, de leur donner plus d'homogénéité. De nombreux amis
vinrent nous accompagner jusqu'aux fortifica-
tions où l'on s'embrassa après s'être souhaité
bonne chance.

Arcueil se trouve à deux kilomètres en
avant du fort de Montrouge ; on nous ca-
serna dans une vieille auberge abandonnée,
sur la route d'Orléans : c'était là notre dépôt
et de cet endroit qu'à chaque 24 heures,
nous devions à tour de rôle être dirigés aux
avancées.

Une compagnie s'installa dans les greniers,
une autre dans les écuries, la troisième put se
loger dans de petites chambres sans portes
ni fenêtres.

Ce fut dans une de ces petites chambres

dont le toit était en partie effondré, que s'installa la deuxième escouade. En un clin d'œil notre petit logement fut transformé et devint habitable ; une vitre unique trouvée dans la cour devint une fenêtre, le trou du plafond fut bouché avec une espèce de torchis et du carton, la porte absente fut remplacée par une toile de tente.

Nos sacs et nos couvertures, unique literie du soldat, furent rangés et mis dans un coin avec la batterie de cuisine, qui devait être si souvent inutile. Enfin, nous avions une cheminée ! on aviserait à se procurer du bois.

Mon escouade, la 2me de la 3me compagnie, qui avait le bonheur d'occuper cette chambre, avait un effectif de 10 hommes : comme pendant trois mois nous avons vécu de la même vie, des mêmes souffrances et du même espoir, je donnerai les noms de cette petite famille militaire :

Le caporal Triboulet, un bon gros garçon tout rond ; Woye, l'homme des bons conseils, portant un Musset dans son sac, un peu froid mais distingué ; Hersand, que nous appelions le penseur ; Meynard, ardent et énergique, qui nous parlait toujours ironiquement du plan de Trochu ; Capel, notre cuisinier, dont la fonction ne fut bientôt plus qu'une sinécure ; Sirot, le chapardeur ; Merlin, dit l'enchanteur ; Ravet, si charmant et si artiste, que je

vis tomber à Buzenval, au moment où il tendait les bras pour recevoir un camarade
blessé; enfin, Lacoste et moi; Lacoste, l'esprit
le plus gaulois qu'ait jamais abrité une capote
de soldat.

Nous avions encore deux autres camarades, bretons tous deux : ils nous furent enlevés par la variole dans les premiers jours
de notre arrivée.

Il fallait trouver du bois : Arcueil était déjà
dévasté, et c'était là un problème difficile à
résoudre ; Sirot, le chapardeur, découvrit
une maison abandonnée, dont le jardin était
garni de statues.

Les malheureuses étaient en bois, — du
bois dont on fait du feu, dit Lacoste; — toutes
y passèrent, la Vénus de Milo n'eût pas trouvé
grâce.

Mystérieusement enveloppées dans une
toile de tente, elles venaient l'une après
l'autre prendre place au foyer.

Après les statues vinrent les volets... destinés à être volés... ajoutait l'incorrigible
Lacoste; après les volets, les placards, après
les placards, les pièces de résistance, les
chantiers de la cave : on joua de la scie.

Ainsi le bois ne nous manqua pas, c'était
beaucoup ; et une fois installés, nos soirées
ne furent point trop désagréables.

D'ailleurs, n'avions-nous pas Lacoste,
l'éternel boute-en-train qui eût fait rire un

agonisant et qui, dans notre plus grande détresse alimentaire, disait à Merlin d'un ton
si joyeux :

— Allons, mon ami, un petit tour de ta
façon, tout ce qu'il y a de plus vulgaire, une
omelette dans un chapeau ; je te la paie
20 fr.

Et ses conseils sur la tempérance, ses ré-
flexions sur les dangers de la bonne chère,
sur l'état de grâce devant l'ennemi !

— Si tu tombes demain, disait-il à Merlin
qui était son plastron, l'empyrée est à toi,
mon bonhomme !

Notre grande souffrance était l'insomnie :
les obus de Montrouge passaient en déchi-
rant l'air, et à chaque instant, sur nos têtes ;
c'était parfois un vacarme à rendre fou,
et plutôt que d'essayer à dormir, roulés
dans nos couvertures, nous causions près
du feu.

Parfois, harassés de fatigue, car nos
gardes aux tranchées étaient de 24 heures,
nous commencions à nous endormir ; alors
le sergent Palesi, un vieil échappé de Sedan,
venait soulever notre portière et appelait
aux armes : c'était pour nous tenir en
haleine.

Le froid devint des plus rigoureux, la Bièvre
était gelée ; pour se procurer un peu d'eau,
il fallait l'aller chercher très-loin dans la
campagne, à un puits dont le manége ne

pouvait être mis en mouvement que par quatre ou cinq hommes. Personne ne se lava ; au bout de huit jours, nous étions noirs comme des ramoneurs.

Le cheval nous manqua tout-à-fait, notre unique nourriture fut le riz à l'eau et le café : il nous restait bien quelques tablettes de chocolat, mais nous le ménagions, et Lacoste nous répétait souvent :

— Tempérez votre sensualité, messieurs, vous deviendrez trop gras, et l'homme gras fait un mauvais soldat. A Sparte !...

Le sucre et le café ne nous manquèrent jamais, pas plus que le vin, mais le riz même vint à nous faire défaut, et pour suprême ressource, il ne nous resta plus que le biscuit.

Un jour, Lacoste, après avoir battu la campagne, se présenta d'un air grave, portant quelque chose dans son mouchoir :

— Messieurs, je vous annonce une bonne nouvelle, ce n'est pas ma fête, mais vous aurez du superflu !

Et avec un orgueil bien légitime, il étendit par terre un gros lot de champignons, de vrais champignons par lui découverts dans une carrière abandonnée. Aussi le soir quel régal, des champignons au sel et du café !

— Je n'ai rien trouvé de meilleur en ce monde sublunaire, dit Lacoste ; tenons-nous-en là !

Hersand était le moins gai de nous tous ; non pas qu'il fût abattu, ou manquât de courage, mais nous avions pris d'abord pour de la tristesse ce qui n'était chez lui qu'un peu de réserve et de froideur extérieure.

— Mon pauvre vieux, tu veux donc claquer, lui avait dit Lacoste ; — écoute-moi ça ; c'est de l'école de Salerne tout pur :

> *Medici tibi fiant*
> *hæc tria : mens hilaris, requies*
> *moderata, diæta.*

— C'est du latin ! vous autres *ignares*, entendez ça.

La diète, c'est notre affaire ; l'entrain, nous en avons à revendre ; quant au repos modéré, c'est autre chose ; qu'en dis-tu, Sirot ?

Le bon gros Sirot avait un ventre rebondi qui faisait qu'après chaque marche forcée, Lacoste demandait avec inquiétude s'il était accouché.

— Ah dame, ajoutait-il, ça s'est vu..... le cas de M. Guérin !

C'était un homme de ressources que mons Sirot et passablement fouineur ; il pensait avec raison que dans cette vallée de misères qui s'appelait pour nous la vallée de la Bièvre, le sage ne devait négliger aucune occasion d'augmenter sa petite somme de bien-être relatif. Aussi, le premier jour avait-il déniché dans les combles de l'auberge un ignoble bonnet de roulier en laine grise, de ceux qu'on appelait *tête-de-loup* ; il s'en était fait une chancelière très-commode, sinon très-propre, qui devint bientôt un objet d'envie pour nous tous.

Naturellement Lacoste l'avait complimenté :
— Tu es si peu bête, avait-il dit.

La découverte de Sirot en avait amené une autre dans un tas de chiffons, celle d'un vieux caraco que notre ami, qui n'avait point de préjugés, se mit prestement sur le dos par-dessous sa capote. Dans l'une des poches de devant, garnie d'un reste d'effilés en jais qui rappelait sa splendeur passée, se trouvait une lettre jaunie et déchirée par les plis, dont voici à peu près la teneur et l'orthographe :

« Ma chair Madelon,

» M. Jean est presque guéri de sa *luxure* au genou qu'iaurait pu devenir une anquilose. Jirai te voir dimanche avec deu poulès et des eûs paceque sans eûs je srais ptête mal reçu

» ton fraire Antoine. »

Sur l'un des côtés de la lettre du spirituel Antoine, dans un petit coin, on lisait ces

mots écrits d'une écriture fine, élégante et
serrée

« Ce soir, à l'Opéra, les *Huguenots* ; y
viens-tu ? »

Évidemment, la petite note avait dû être
écrite à l'insu de l'expéditeur de la lettre ; mais
était-elle adressée à Madelaine ? Vous pensez
s'il y eut des commentaires !

— Moi, dit l'un, je pense que M. Jean avec
sa *luxure* au genou est un soupeur et un
habitué de l'Opéra.

— Madelon pourrait bien être une femme
lancée, dit l'autre.

— Oui, dit Lacoste, plutôt qu'élancée ; dans
tous les cas, ce doit être une rude femme,
une femme de Tolède, largement douée ;
voyez plutôt, messieurs.

En effet, on voyait sur la poitrine de Sirot
deux larges vides que quatre livres de chiffons n'auraient pu combler.

— Une femme qui reçoit des poulets ! dit
tristement Capel, le cuisinier honoraire.

Nous fumions beaucoup, trop même, le tabac nous étant abondamment et régulièrement fourni ; mais ce que l'on ne nous dis-
tribuait point, c'étaient les pipes.

Or il m'advint qu'un jour, la mienne que
j'appelais déjà d'un autre nom (vulgo brule-g.)
depuis qu'elle s'était considérablement écour-
tée, vint à se casser tout à fait, elle n'était
qu'en terre, de deux sols, une vraie pipe de

giboyer, à peine de mise au quartier Mouffe-
tard ; eh bien ! n'allez pas rire !... J'éprouvai
de sa perte un véritable chagrin.

Hamerel comprit ma douleur et me permit
d'aller fouiller le petit village d'Arcueil dont
nous apercevions le clocher.

Comme seuls êtres vivants, j'y trouvai deux
paysans, deux époux qui revenaient vers Paris, après s'être assurés que leur maison
était encore debout. J'ai tort, quand je dis :
deux paysans ; je devrais dire : un paysan et
une femme.

Et quelle femme ! grande, mince, élégante à
plaisir, vêtue de noir, comme il sied à une
femme qui comprend les douleurs de la patrie ; sur elle point de dorures, aucun colifi-
chet ; son petit bonnet de campagne, d'une
simplicité irritante, donne à sa beauté quelque
chose de capiteux et les deux torsades de
cheveux noirs qu'il a peine à contenir en
rendent encore la blancheur plus éclatante.
J'étais ravi !

Quant à son mari, *son homme,* car c'était
bien son homme, il offrait avec cette délicieuse créature le plus merveilleux contraste,
la plus étonnante antithèse ; on eût dit par le
costume un paysan d'il y a cent ans, accom-
pagnant la femme de son seigneur.

De sa figure je ne dirai rien, un col gi-
gantesque l'enveloppant tout entière. La re-
dingote vert-olive et le flamboyant gilet à ra-

mages pourront se retrouver comme la cu-
lotte à pont, mais seulement dans quelque
farce exubérante comme la mariée du mardi-
gras ; le chapeau m'était connu, depuis cinquante ans, son pareil sert d'enseigne au
père Bidault.

Je n'en revenais pas, j'étais pris entre le
fou-rire et l'admiration.

Il y a dix ans, j'avais bien vu à la porte de
Tours, à la Ville-aux-Dames, trois ou quatre
vieux fermiers portant encore le chapeau à
cornes et l'habit-veste à basques carrées ;
mais à la porte de Paris, en 1870, alors que
le dernier de nos gars se fait habiller à la
confection et porte des cols cassés ? ceci reste
pour moi un étonnement.

Je n'avais point trouvé de pipe à Arcueil,
mais j'en rapportais un vaste sujet d'obser-
vations philosophiques sur les unions mal
assorties; pauvres femmes ! me disais-je, quel
triste sort est souvent le leur, surtout à la
campagne ; celle que je viens de voir a des
goûts d'élégance, des instincts délicats, peut-
être toutes les délicatesses du cœur ; elle est
certainement bien supérieure au grotesque
personnage qui l'accompagne, et la voilà
rivée pour la vie à un pareil lourdaud ; quel
martyre !

Mon Dieu, me dit Hamerel qui venait à ma
rencontre, ces unions-là sont fréquentes et le
monde n'en va pas plus mal, je gage que

celle que vous avez vue ne paraissait ni hon-
teuse de son mari, ni même ennuyée ?

— Ma foi, c'est vrai, dis-je étonné !

— Eh bien ! mon cher, ça prouve qu'il est
ici-bas des *dédommagements*, des compensa-
tions, comprenez-vous ? Vous n'avez point
trouvé de pipe à Arcueil, prenez ce cigare, se
sera encore un dédommagement, et dépêchez-
vous, on forme les rangs.

Telle était notre vie à la chambrée. Mais
aux avancées, où nous allions de deux jours
l'un, c'était autre chose ! Là, plus de feu pour
se garantir du froid, plus de joyeux propos
pour oublier la misère ; le silence était de
rigueur, il y allait de la vie.

La première fois, notre compagnie fut
placée à 300 mètres environ, à gauche de
la route d'Orléans, non loin de la maison
Millaud, en un endroit appelé le *Poste du
Cavalier*.

Une vingtaine de petits gourbis en terre,
dans lesquels, comme la Ballue en sa cage
de fer, nous ne pouvions tenir ni debout ni
couchés, nous servaient d'abris : un peu en
avant, deux pièces de 12 et un petit épaulement en gazon étaient nos seuls moyens
de défense ; une tranchée reliait le tout au
poste de la maison Millaud, occupée par des
mobiles.

Il n'y avait pas deux heures que nous étions
là, lorsque je vis le lieutenant Hamerel diriger

sa lorgnette du côté d'une tannerie située sur
la Bièvre, à moins d'un kilomètre de nous :
je lui demandai la permission de regarder,
et promptement notre groupe devint assez
compact.

C'était probablement ce qu'attendaient les
sentinelles prussiennes, pour se donner le
plaisir d'un tir à la cible : trois balles sif-
flèrent sans toucher personne : ce fut une
leçon ; mais en rentrant au gourbi, j'aperçus
derrière nous un mobile qu'on portait à la
maison Millaud ; le malheureux avait eu
moins de chance que nous.

Ces accidents se répétaient souvent ; mais
les hommes frappés étaient presque toujours
des imprudents. Une fois, par exemple, nous
étions à la tranchée, à droite de la route
d'Orléans, donnant le coup de pioche, le
fusil à portée de la main : un mobile tombe
près de nous, puis se relève pour retomber
encore. Au lieu de faire ce que nous faisions tous, c'est-à-dire de se courber, en
passant vivement de la tranchée à la barri-
cade, le pauvre garçon avait voulu passer
tranquillement comme un homme qui se
promène.

La balle, une balle de rempart sans doute,
grosse comme une noix, l'avait frappé au
cou : une heure après son capitaine nous
apprenait qu'il était mort.

Nous faisions là un rude apprentissage de

la guerre. La nuit, par un froid excessif, nous montions chacun deux ou trois gardes d'une heure, dans l'obscurité et le silence les plus complets.

Il faut y avoir passé, pour savoir combien vite se fatiguent l'œil et l'oreille toujours au guet : car l'ennemi était là, invisible sans doute, mais pour l'imagination d'autant plus terrible. Il pouvait nous surprendre, ses sentinelles étaient parfois à 100 mètres de nous ; il y eut bien des alertes ; on tirait à tâtons.

Le plus souvent un calme absolu régnait sur toute la ligne jusqu'au matin. Alors, selon l'expression du poète, *nous écoutions la nuit ;* il y en eut de splendides malgré le froid ; clairs, étoilées, lumineuses, de celles dont on a dit qu'elles ne sont que l'absence du jour ; véritables nuits de soldat, de poète ou d'exilé.

Alors, nous pouvions suivre du regard les longues files d'oiseaux sauvages attirés par la vue de la Bièvre, qui, passant sur nos têtes, se dirigeaient vers l'ouest ; dans quelques heures peut-être, elles planeraient sur le village ou la maison du père ; demain peut-être, on les trouverait abattues dans le champ de l'ami ou du voisin :

Oiseaux qui passez, nos chaumières,
« Vents qui passez, nos sœurs, nos mères,
«« So là-bas, pleurant nuit et jour ;
« Oiseaux, dites-leur nos misères !
« O vents, portez-leur notre amour ! »

D'autres fois, un voyageur isolé battait l'air de son vol rapide dans la direction de Paris ; celui-là, c'était le messager d'espérance, l'oiseau sacré, oui l'oiseau sacré, et je n'oublierai jamais avec quel recueillement la foule se retira un jour sur la place du Louvre, pour laisser prendre un pigeon qui s'y était abattu.

Nous n'avions plus de mot d'ordre ; deux ou trois coups légèrement frappés sur la crosse servaient de ralliement.

Une fois, j'étais au Poste du Cavalier, la nuit était encore plus noire que de coutume ; j'entendis devant moi, de l'autre côté de l'épaulement, un pas d'homme : ce ne pouvait être qu'une sentinelle prussienne ; puis le bruit de quelqu'un qui escaladait le talus et vint sauter près de moi. Je lançai un coup de baïonnette en avant et appelai : aux armes !

C'était un soldat de ma compagnie qui avait sauté par-dessus l'épaulement pour aller couper quelques morceaux d'un cheval que, dans le jour, nous avions vu gisant près de son maître, dans le champ voisin. Il avait joué gros jeu, et si mon coup eût porté, je l'embrochais comme un poulet :

j'avais fait dans un pan de sa capote la plus jolie boutonnière qu'aient jamais ouverte les ciseaux d'une couturière ; de plus, on le ramena au fort.

La discipline était très-grande ; le général Corréard venait souvent nous visiter, et se montrait assez raide. Un soir, que je le voyais du coin de l'œil s'avancer dans la tranchée, je me tournai vivement pour lui présenter les armes.

— On ne présente jamais les armes le dos à l'ennemi, me dit-il brusquement.

J'en fus pour cette leçon ; cependant je pouvais ne pas le voir, n'ayant pas comme Argus des yeux dans le dos.

Bien qu'éloignés de Paris et malgré l'extrême difficulté de correspondre, de petits cadeaux nous étaient faits parfois, non-seulement par des parents et des amis, mais aussi par de simples connaissances qui s'intéressaient à nous.

Nulle part, peut-être, plus qu'à Paris on n'a le souci de ces petites prévenances qui font tant de plaisir à ceux qui en sont l'objet.

Pendant le siége, c'était devenu un besoin, une religion. Des hommes qui demeuraient dans la même maison, sur le même palier, qui, pendant des années, ne s'étaient jamais salués, devenaient amis pour avoir monté deux gardes ensemble, pour s'être serré la main dans un moment d'émotion général et cette amitié était cimentée par de petits présents délicatement faits.

A nous, étrangers, l'on nous offrait un étui à cigares, une trousse de campagne; quand l'ami n'était pas riche, il recevait une paire de gants bien chauds, une chemise de flanelle; tout cela faisait plaisir.

Une fillette fort avenante, ayant la tenue et la tournure d'une femme de chambre, vint un jour aux avant-postes demander X***. Il faisait un froid de chien; j'étais de planton à la bicoque occupée par le général Corréard; à quelques pas d'elle, je la voyais grelotter; elle tira de dessous son manteau un petit paquet contenant une charmante chemise de flanelle à raies roses et blanches et une livre de chocolat Marquis.

— Voilà ce que madame vous envoie, dit-elle.

Puis d'un petit ton discret et confidentiel qui laissait croire qu'elle en savait plus long :

— On pense bien à vous à la maison, allez !

Je me suis bien gardé de penser qu'il s'agissait d'un petit roman; l'élégante chemise venait sans doute d'une bonne vieille grand'mère, de quelque tante-gâteau, peut être tout bêtement de la portière de X***. D'ailleurs, cela ne me regardait point; je rallumai ma

6

pipe, tout en regardant s'éloigner la sou-
brette qui venait de refuser avec une petite
moue de colère la pièce de 10 francs qu'elle
avait pourtant si bien gagnée.

Le froid augmenta encore le 23 et le 24 :
dans ces deux nuits, beaucoup de faction-
naires furent trouvés gelés, surtout parmi
les jeunes mobiles de la maison Millaud
qui buvaient de l'eau-de-vie pour se ré-
chauffer ; un sergent de mon bataillon eut le
nez et la main gelés, je ne pense pas qu'il
ait guéri.

Les premiers symptômes de la congélation
étaient un violent mal de tête et un engour-
dissement général, la tête tournait ; j'en sais
quelque chose, les ayant éprouvés moi-même,
dans la nuit du 25 : si ma faction eût duré
cinq minutes de plus, j'étais frit, c'est-à-dire
gelé.

Beaucoup tombèrent malades ; ils étaient
conduits à l'ambulance des Dominicains d'Arcueil : quelques-uns succombèrent.

Il y eut de nombreux cas de cholérine,
occasionnés par le froid sans doute, et l'abus
du café dont nous prenions jusqu'à 20 tasses
par jour. Du chocolat, nous n'en avions plus,
nos dernières tablettes ayant été partagées
fraternellement avec les marins du fort qui
nous aidaient aux tranchées.

— Nos repas sont devenus bien platoniques, dit Lacoste, de retour à notre chambrée ; si nous battions la campagne !

Hélas, ce fut en vain ; la carrière aux champignons avait été dévastée par d'autres camarades : de plus, un sergent de la 1re compagnie, Sottreau, avait été perdu un jour et une nuit dans une de ces carrières, et y serait resté sans les volontaires de Montrouge qui l'avaient découvert.

Un jour, Sirot vint nous dire qu'il avait aperçu un chien près d'une maison isolée. Un chien rôti ! c'était la vie pendant huit jours, et je l'avoue, si délicat que je sois, cette nouvelle me fit plaisir.

Sirot partit avec Meynard, mais nos deux chasseurs revinrent sans l'animal ; seulement la bredouille n'était pas complète ; ils rapportaient une salade et une bouteille, dans laquelle se trouvaient mélangés dans une juste proportion, un peu d'huile et de vinaigre que leur avait donnés le propriétaire du lieu.

Voilà ce qui s'était passé : au moment d'abattre le chien, l'animal avant d'opérer sa retraite avait voulu sauter sur eux : il était effrayant ! une large plaie, non cicatrisée, laissait à nu les chairs de son cou.

Son maître leur raconta que, huit jours avant, un soldat avait voulu lui couper la tête, et que depuis cet événement, il aboyait aux uniformes.

Le lendemain, nos camarades retournèrent à la salade ; il n'y en avait plus, et le pauvre homme qui leur avait parlé la veille était mort ; le toit de sa maison avait été effondré par un obus, sa femme était assise dans un coin, et le pauvre chien soldatphobe était à ses pieds.

Ce jour-là, le dîner fut moins gai qu'à l'ordinaire, et personne ne chanta au dessert.

———

X.

RENTRÉE A PARIS. — DE VRAIES MAISONS. — DE VRAIS LITS. — LES PARASITES. — DE L'EAU A TOUT PRIX. — BOMBARDEMENT. — HAMEREL N'EST PAS DE BOIS, DISTRACTION QUI LUI COUTE CENT SOLS.

Depuis 22 jours nous étions à Arcueil, lorsque le régiment reçut l'ordre de rentrer à Paris. Il était temps, notre fatigue était extrême, la plupart des hommes revenaient malades, écloppés, blessés par leurs chaussures ; et notre malpropreté était telle, que tous nous avions le prurigo, encore augmenté par l'abus du café. Notre linge était à peu près pourri et l'on n'eût pas trouvé dans le bataillon dix mouchoirs de poche.

Aussi, l'ordre du départ fut accueilli par des cris de joie ; Paris, même sans pain, c'était encore Capoue. Là, du moins, nous retrouverions de vraies maisons, de vrais lits et de l'eau, de l'eau surtout, dont nous avions si grand besoin.

Notre retour s'effectua par la barrière d'Italie, puis le boulevard St-Michel jusqu'à la place du Louvre où l'on rompit les rangs.

C'était le 2 janvier, il n'y eut pas de service à faire ce jour-là. Chacun s'échappa

dans toutes les directions; je pris celle de
la Seine. Un bain! un bain! ce fut là mon
premier cri, et je me précipitai vers la
Samaritaine : la Samaritaine n'avait plus de
charbon.

Je parcourus successivement tous les éta-
blissements de la Seine, ceux des rues, des
passages : enfin, après deux heures de re-
cherches, je trouvai de l'eau et du charbon
aux bains de Ste-Marie.

Après avoir lancé ma chemise au loin,
(hélas! c'était tout un monde que ma chemise, un monde habité), en deux bonds je
fus dans l'eau. Non, je ne crois pas de ma vie
avoir éprouvé pareille volupté; j'y restai deux
heures, les plus heureuses de ma vie pendant
le siége assurément ; et si, lorsque j'entrai
dans l'eau, on m'eût offert d'opter entre ce
bain et une livre de pain blanc grassement
couvert de beurre, j'aurais peut-être hésité,
mais j'aurais choisi le bain.

Tout en procédant à ma petite lessive, je
songeais à l'étourderie de quelques tourte-
reaux, qui n'avaient pas craint de frôler imprudemment leurs ailes à celles de leurs tour-
terelles, et je redoutais pour les pauvrettes
les suites de cette entrevue. Pensez donc, une
idylle avec démangeaison!.

C'est une triste chose que la malpropreté
chez un soldat; bien que ce ne soit pas toujours sa faute, il semble qu'elle lui enlève

avec sa bonne humeur, un peu de cette dignité dont il a tant besoin : « Je ferai le coup de feu avec plaisir, me disait Woye, le matin de Buzenval, je me suis lavé et j'ai du linge blanc. »

Le médecin-major passa une revue de santé, et j'obtins quatre jours de repos que j'allai passer à l'hôtel des Empereurs.

Hélas, le lit ne valait plus rien ; trop de bien-être m'empêcha de dormir, ce bonheur me fut refusé pendant deux jours.

Nous étions au 5 ; le bombardement, commencé le matin, fut effroyable pendant la nuit. Pensant que le moment psychologique était venu, Bismarck s'était dit qu'il fallait en finir avec cette ville de boutiquiers et employer contre eux la dernière raison des rois, le canon Krupp.

Le moment psychologique n'était point venu, ou, s'il était venu, ce tapage effroyable eut pour résultat de produire sur les esprits une salutaire réaction : le but de Bismarck fut complétement manqué et la population parisienne, de nouveau surexcitée, mais nullement épouvantée, apporta une nouvelle ardeur à la défense.

Cependant, les obus tombaient sans relâche dans la partie sud de Paris, plus rapprochée des positions de Châtillon et de Clamart : le quartier du Panthéon, celui de St-Jacques, furent particulièrement éprouvés ;

le dôme du Val-de-Grâce, l'Observatoire sem-
blaient être les cibles de prédilection· de
l'ennemi qui envoya parfois ses obus jusque
dans la Seine : j'en vis un tomber près du
quai, daus une petite cour de la préfecture
de police.

Les quartiers du Panthéon, du Luxembourg devinrent promptement inhabitables,
et les habitants qui ne purent coucher dans
les caves, vinrent chercher un asile sur la
rive droite de la Seine, où chaque famille
d'émigrants était accueillie avec le plus grand
empressement.

Dans certaines rues, celles de l'École-de-
Médecine, de Monsieur-le-Prince, les maisons
tombaient comme des châteaux de cartes ; et
en allant chez mon ami le docteur Marchand,
je fus souvent obligé de me raser le long des
murs. Une maison s'écroula complétement
près de la sienne, un soir que j'étais chez
lui. Aux cris poussés par une femme, il sauta
dans la cour ; elle n'avait rien, qu'une légère
blessure au sein.

Tous n'étaient pas si heureux, beaucoup
étaient foudroyés la nuit ou écrasés par leurs
maisons ; il y eut des scènes épouvantable-
ment tragiques où les victimes avaient à la
fois contre eux le fer, le feu et les écroule-
ments. Un triste spectacle fut également celui
du sauvetage des blessés de l'ambulance du
Luxembourg, pendant lequel plusieurs de ces

malheureux furent frappés sur des civières ou sur le dos de leurs sauveteurs : Bismarck achevait ainsi les blessés.

Les forts du Sud souffrirent beaucoup, celui de Montrouge que nous venions de quitter, était dans un triste état.

Eh bien, malgré tout cela, il n'y eut point de défaillance : au contraire, il y eut de la colère et un redoublement d'énergie ; tel fut l'effet produit par le bombardement sur les Parisiens.

— On tirait que le pompartement les amuse, dit un Alsacien de ma compagnie. En effet ils en riaient.

En attendant le moment où nous devions tenter un nouvel effort, et chacun de nous sentait que ce moment était proche, nous étions tenus continuellement en haleine.

Matin et soir, l'on nous conduisait aux manœuvres d'ensemble au champ de Mars, avec effets de campement : à midi, appel ou revue des armes.

A l'une de ces revues, un vieux capitaine assez maussade voulut me mettre *au clou*, parce que le canon de mon fusil était sale. Je ne dus ma grâce qu'à l'intervention du sergent Palesi, à qui j'offris, le soir, en échange de ce service rendu, une livre de haricots du Danube, que je tenais de M. Arnault-Jeanty. Le cadeau valait bien 20 fr. ; aussi le brave homme, oubliant la distance qui le séparait de son inférieur, faillit me sauter au cou.

— C'est égal, ça fait du bien! dit Palesi tout ému.

Il voulait dire sans doute : Ça me fera du bien. Et il ajouta avec une certaine dignité bienveillante : « A partir de ce moment, je te permets de me tutoyer ; » je déclare ici que je n'en ai point abusé.

Le brave garçon l'échappa belle, huit jours après, à Buzenval : il en fut quitte pour une *tirée d'oreilles :* uné balle prussienne lui enleva l'oreille droite au ras de la tête.

J'ai dit tout à l'heure qu'un capitaine assez maussade avait failli me mettre au clou ; celui-là faisait exception, car l'un des plus grands agréments de notre existence militaire était précisément la parfaite camaraderie qui existait entre nos officiers et la plupart d'entre nous ; la discipline n'en souffrait nullement.

« Irez-vous bientôt voir le colonel ? me dit un jour Hamerel qui avait aussi un parent blessé à la maison Dubois, M. de... commandant au 124me (c'était après Buzenval) — je voudrais bien lui faire une agréable surprise, je me suis procuré un œuf frais, portons-le ensemble. »

Naturellement, j'insistai pour me charger

du précieux fardeau comme il était de mon devoir de le faire vis-à-vis de mon lieutenant. Le pauvre Hamerel eut bien de la peine à s'en dessaisir et Dieu sait au prix de quelles recommandations.

— Vous savez mon bon, ça vaut cent sols, et pour un blessé ça n'a pas de prix.

De cent pas en cent pas, la même recommandation m'était faite.

Nous voilà donc partis, moi tenant mon œuf dans ma main droite, rasant les maisons, Hamerel marchant à ma gauche, attentif garde du corps pour me protéger contre tout attouchement dangereux.

— Faites bien attention ! vous savez...

— Je sais, ça vaut cent sols, n'ayez pas peur.

Escorté comme je l'étais, je marchais tranquille, mais la fatigue finit par s'en mêler. Quelle corvée, bon Dieu ! Quelle corvée ! « lieutenant, vous m'en tiendrez compte. »

J'aimerais mieux traverser Paris, un énorme bouquet dans chaque main, ce serait moins fatiguant. Enfin nous allons toucher le but, le boulevard Magenta est déjà dépassé, on me frôle légèrement, mon fardeau m'échappe.....

Tableau !

— C'est moi qui suis le coupable, dit Hamerel, au lieu de regarder une jolie femme, j'aurais dû ne pas vous quitter.

Paris n'ayant plus de théâtres, regorgeait de clubs : j'entrai, un soir, avec Jobert, à celui des Folies-Bergères. Vrignault parlait ; il fit l'éloge de Trochu, et convia la population parisienne à la confiance envers le gouvernement. Il dit de bonnes choses, en d'excellents termes, mais son discours fut très-froid.

Un tout jeune homme vint le remplacer à la tribune. Celui-là n'avait pas 25 ans, mais ce n'était pas le premier venu. Sans barbe, avec une tête carrée et énergique, portant la longue capote des compagnies de marche, il avait quelque chose de Bonaparte à Toulon.

Son discours fut tout l'opposé et la contrepartie de celui de Vrignault. Dans un style net, incisif, Trochu et ses collègues furent violemment attaqués ; il alla même si loin, que la salle protesta tout entière.

Le jeune tribun se croisa tranquillement les bras, et comme si ce tumulte ne lui eût causé ni peine ni plaisir, il promena sur l'auditoire un regard parfaitement assuré, attendant sans impatience que le silence fût complet.

Cinq minutes après, il reprenait sa philippique, — nouveaux cris.

Pas un pli ne parut sur sa figure, pas un muscle ne trahit la moindre émotion, et lorsque la salle fut lasse de protester, il

achéva sa harangue, toujours maître de lui,
sans se presser.

Je regrette de n'avoir pas su son nom ; on
me dit que c'était un aéronaute élève de
Dupuy de Lôme : quel qu'il soit, ce garçon-là
fera parler de lui, j'en réponds.

A l'impassible orateur succéda un beau
jeune homme, à la barbe bien noire, bien
peignée ; c'était le conférencier Ratisbonne.
Comme sa chevelure, son discours fut soi-
gné : il parla longtemps, bien correctement
pour ne rien dire ; et nous nous dirigions
tous vers la porte, lorsque la tribune fut
brusquement envahie par un quatrième orateur.

« Messieurs, dit celui-ci, je ne viens point
vous demander votre avis, ni vous donner
le mien. »

Un tonnerre d'applaudissements accueillit
ce burlesque exorde et couvrit la voix de
l'orateur : je sortis pour ne plus rien entendre, j'en avais assez.

XI.

LA VEILLÉE DES ARMES A SURESNES. — BATAILLE
DE BUZENVAL. — COMBAT DE SAINT-CLOUD. —
LA MAISON ARMENGAUD. — LE COLONEL MOSNE-
RON. — DUPIN. — UN HOMME TUÉ PAR L'ÉMO-
TION. — ÉPISODES. — RENTRÉE A PARIS. — LES
CONFESSEURS. — LA SŒUR DE RAVET.

Le 18 au soir, sac au dos et la cartouchière
pleine, plus de cinquante mille hommes, mon-
tant l'avenue des Champs-Élysées, étaient
dirigés sur Neuilly. Pourvus d'un nombreux
matériel d'artillerie, notre marche fut très-
lente et nous ne pûmes arriver que fort tard
à Suresnes. L'encombrement était grand, et
ce fut avec beaucoup de peines, et après
quantité de marches et de contre-marches,
que notre bataillon fut placé dans une pen-
sion de demoiselles, abandonnée bien entendu.

Ma compagnie fut assez bien partagée ;
elle eut la salle du bas où se trouvaient un
poêle et un banc : l'un avec l'autre on fit du
feu.

Ceux qui purent dormir se roulèrent dans
leurs couvertures : quant à moi, je passai la
revue de toutes mes cartouches, que j'essayai

l'une après l'autre dans mon fusil. Quand un soldat peut le faire, c'est une précaution à prendre ; une cartouche mal faite, qu'on ne peut mettre ou retirer à temps, peut causer votre perte : c'est un conseil que je donne en passant.

Ma petite inspection finie, je me rapprochai du poêle, autour duquel se trouvaient déjà quelques camarades de mon escouade. Woye et Ravet chantaient à tour de rôle ; Ravet surtout était plein d'entrain, il épuisa son répertoire : pauvre garçon, son dernier chant fut le chant du cygne.

Le petit homme que j'avais failli embrocher au Poste-du-Cavalier, nous joua une pantomime d'une drôlerie merveilleuse : il tira de son sac une barbe postiche et se costuma en un tour de main avec sa couverture et sa toile de tente. Évidemment c'était son genre, sa spécialité, il avait dû *piocher* la partie ; il eut des effets d'un comique insensé, son succès fut ébouriffant.

Quelle charmante veillée d'armes et vraiment française !

Ah ! Lacoste ! avec ta verve endiablée, comme tu nous manquais ce soir-là ! et toi, mon pauvre Marre, avec tes joyeux devis, tes contes un peu salés parfois, mais si gais ! et dont jamais le dizain n'était épuisé, comme tu nous faisais défaut !

Malheureusement Lacoste était malade depuis quelques jours et Marre l'était depuis le milieu de décembre, époque à laquelle nous avions formé le projet, un peu téméraire peut-être, d'envoyer à l'*Illustration* quelques notes avec croquis pendant notre séjour à Arcueil-Cachan ; Marre se chargeait du texte, les dessins devaient être mon affaire.

Ce sera pour une autre fois.

Nous allions nous endormir, lorsqu'entra le sous-lieutenant Martel. — « Tenez-vous prêts, nous dit-il ; au point du jour, nous enlevons le parc Pozzo di Borgho. »

« *Nous enlevons !* dit Woye, est simplement héroïque. »

Hélas, ici je vais faire ma confession tout entière ; peut-être la confession de tous, tant est puissante en ces moments de grandes épreuves la solidarité qui relie les soldats d'une même armée.

Nous savions que le lendemain serait un jour de bataille et que nous marcherions en première ligne, on nous l'avait promis : eh bien ! nous n'avions plus cette même confiance en nous-mêmes, plus surtout l'enthousiasme du 29 novembre qui nous faisait crier : en avant ! Nos chefs avaient également perdu la foi ; cela se voyait, et les troupes en recevaient le contre-coup.

Sans doute, l'on ferait encore son devoir,

mais rien que son devoir, sans élan, sans espérance ; le moment était passé. Quelques heures auparavant, des artilleurs, près du pont de Neuilly, nous avaient jeté ce cri : « Demain, il y aura du hachis. » Un mois plus tôt, nous eussions répondu par une joyeuse réplique à cette plaisanterie qui nous parut lugubre. Et puis cette note de Trochu, publiée on ne sait pourquoi, dans laquelle il est question de brancardiers, de nombreuses voitures d'ambulances, etc... comme elle était peu faite pour nous donner du cœur au ventre ! Elle sentait le corbillard ; un trappiste n'eût pas mieux dit : Frères, il faut mourir.

A trois heures du matin, nous partions de Suresnes, et après nous être emparés du parc Pozzo di Borgho et de la maison Zimmermann, sans tirer un coup de fusil, nous débouchions brusquement et sans faire de bruit dans une rue de St-Cloud qui fait face à la gare.

La rapidité de notre entrée avait engagé les compagnies qui marchaient en avant, à 100 mètres environ dans la rue, vis-à-vis d'une villa dont la grille faisait face à notre dos ; l'endroit où nous étions arrivés formait un léger coude et nous allions le dépasser, lorsque je vis un sergent de la deuxième compagnie, qui était à ma gauche, épauler vivement son fusil et faire feu.

7

Des quatre hommes qui se trouvaient devant nous, le premier tomba foudroyé : j'ajustai le second, pendant que 20 coups de fusil roulaient, à ma droite, les deux autres restés debout.

Nous étions au cœur de l'ennemi. Un moment de silence succéda au bruit causé par cette décharge, moment qui nous parut un siècle, car l'ennemi revenu de sa surprise, allait sans doute nous la faire payer cher.

Un long feu de peloton nous couvrit de fumée, et quand elle fut dissipée, un seul homme de ma compagnie était à terre ; probablement atteint d'une maladie de cœur, l'émotion seule l'avait tué.

Pas une balle ne nous toucha ; les Prussiens tirant des fenêtres, des terrasses et de trop près, jetant leurs coups par-dessus nos têtes avec précipitation, n'avaient atteint que les hommes qui formaient l'arrière-garde.

Le colonel appela le guide, un paysan qui sortit des rangs, et demanda la maison Armengaud.

C'était celle qui avait une grille et à laquelle nous tournions le dos ; nous l'avions imprudemment dépassée. On commanda : volte-face ! et : en avant !

Là nous attendait une seconde décharge autrement meurtrière que celle de tout à l'heure. Les Prussiens qui occupaient la maison, déjà revenus de leur surprise, firent feu par toutes les issues.

Nos trois compagnies firent un mouvement de recul et j'avoue qu'à ce moment, couvert de plâtras, voyant tomber des hommes, j'eus peur de ne plus revoir Neuillé : mon cœur resta ferme, mais je sentis mes jambes fléchir, et je crus qu'elles allaient se dérober sous moi.

La grille était devant nous, fermée, la petite porte seule à côté était ouverte. Le colonel donna de nouveau l'ordre d'avancer.

— « Eh bien, messieurs, qu'est-ce que c'est que cette hésitation ? allons, le 12ᵉ en avant ! »

On appelait ainsi le 6ᵉ régiment de marche, parce que son noyau de volontaires avait été pris dans le 12ᵉ bataillon de la garde nationale.

On répondit cette fois par le même cri : en avant ! et en cinq minutes la petite garnison prussienne avait cédé la place à nos trois compagnies. Quelques-uns restèrent sur les marches et près de la grille : ils furent vengés : nos coups de fusil poursuivaient les fuyards dans les jardins, sur les rampes du chemin de fer.

Le bataillon des mobiles d'Ille-et-Vilaine vint nous appuyer. L'on s'empara de la gare et de plusieurs rues jusqu'à l'église : un bataillon seul prit une rue tout entière. A midi,

le feu se ralentit et l'on parvint à établir une
certaine quantité de barricades.

Rentrés dans la villa Armengaud, notre
première occupation fut de la fortifier pour
prévenir un retour offensif ; cette précaution n'était point inutile, car, sur les deux
heures, les Prussiens recommencèrent un
feu très-vif et reprirent même leurs positions du côté de l'église : à partir de ce moment jusqu'au soir, le combat fut acharné
partout. A notre droite, le long des talus du
chemin de fer, de la gare, de la lampisterie,
le 58e de Silésie, avec l'avantage d'un tir plon-
geant, nous canardait sans relâche; les balles
pleuvaient de ce côté-là.

Ma compagnie et la 1re, celle de Jobert et
de mon compatriote Bruslon, de St-Chris-
tophe, étaient échelonnées en tirailleurs dans
les jardins de la villa en contrebas de la
gare, pendant que quelques-uns, accroupis
derrière des caisses d'orangers, nettoyaient
à coups de fusil la rue qui longe le chemin
de fer : chacun de nous était abrité derrière
un arbre.

Le mien était très-gros, mais sa grosseur
même était perfide, car son tronc, légèrement de travers, ne pouvait m'abriter la poitrine qu'en me laissant le reste du corps à
découvert.

Les balles sifflaient dru en ce moment et
faisaient voler l'écorce ou la terre autour de

moi : je les entendais frapper l'eau du bassin
ou s'aplatir sur son bord en stuc. En deux
bonds, je quittai mon arbre pour un autre
beaucoup moins gros, mais parfaitement
droit.

Bocquet prend ma place, mais aussitôt je
le vois porter la main à la poitrine et tourner
sur lui-même ; Ravet s'élance pour le recevoir et tombe foudroyé, un troisième le rem-
place et tombe encore.

Tout cela, en moins de temps que je ne
mets à l'écrire.

Le soir, la lutte s'accentua davantage, on
y mit de la rage ; j'en ai vu qui se battaient
en pleurant. Leteux me tendit la main, il
avait les larmes aux yeux ; je le crus blessé,
il n'en était rien ; peut-être avait-il perdu un
ami, un parent.

A la nuit, le combat devint vraiment
acharné, et derrière les murs, derrière les
massifs, on se battit presque à bout portant.

Il fallut enfin rentrer dans la maison. Là,
le feu continua par les fenêtres, par le toit
défoncé, par toutes les issues. J'étais placé
à la fenêtre à gauche de la porte d'entrée,
mon fusil passé dans un créneau, formé par
deux sacs ; une balle traverse le créneau,
m'effleure la barbe et va briser une glace au
fond de l'appartement.

— Êtes-vous touché ? me dit mon voisin.

En mettant une cartouche, j'avais **relevé** la tête ; c'était jouer de bonheur.

Il faisait excessivement noir, et nous **n'a**vions plus d'autre point de mire que le feu de notre adversaire qui bientôt s'éteignit. Alors, il y eut parmi nous un instant de véritable panique ; je ne sais qui avait poussé **ce** cri : Sac au dos ! on amène du canon !

Le commandant Bernard menaça de faire sauter la cervelle au premier qui toucherait à un sac : chacun reprit sa place au créneau.

Tout à coup, un effroyable hurrah poussé par des centaines de voix sauvages, à notre droite, vint encore jeter l'épouvante parmi nous : ces cris cependant devaient nous sauver, car ils étaient le signal d'un nouveau combat sur le plateau. Dans un clin d'œil, nous fûmes dégagés ; il était temps, car notre position était critique, cernés que nous étions de trois côtés.

Telle fut la part que prit au combat de St-Cloud le 1er bataillon du 6e régiment de marche : deux de ses hommes y furent héroïques ; le colonel Mosneron-Dupin, qui deux fois nous empêcha de lâcher pied, et le vieux Bernard dont le sang-froid ne se démentit pas un instant. Sans eux, inexpérimentés comme nous l'étions, nous n'eussions pas tenu longtemps.

Il y eut des hommes dont la conduite fut

très-belle, et je vis parfaitement un caporal de ma compagnie (celui qui portait la trousse de campagne, perdue dans la bagarre) s'avancer en rampant et enlever, roulé dans sa couverture, un camarade tombé près du bassin, où pourtant il ne faisait pas bon.

Le signal de la retraite fut donné au milieu de la nuit, et quittant la maison par une petite porte de derrière, du côté des communs, nos trois compagnies reprirent le chemin de Suresnes. Mon escouade était réduite à six hommes, Lacoste et Sirot étant malades et Ravet ayant été tué.

A mesure que nous approchions de Suresnes et du Mont-Valérien, s'augmentait le nombre des voitures d'ambulance auxquelles nous remettions des blessés. Bocquet fut du nombre et le brave garçon devait avoir l'âme chevillée dans le corps, pour avoir résisté aux accidents de cette retraite. Une balle lui avait traversé la poitrine, et en quittant St-Cloud, le brancard improvisé sur lequel nous le portions, s'était rompu ; il fut jeté à terre. Il habite aujourd'hui la rue Radziwil et se porte mieux que moi.

Oh! la terrible chose qu'un combat, si peu meurtrier qu'il soit! Ce coin de terre où nous avons passé la journée du 19 janvier 1871 et qui n'était

pourtant qu'un petit coin de la grande bataille, je ne l'oublierai jamais !

Jamais, cette maison et cette grille avec la
rue qui lui fait face ; jamais, ce jardin où j'a-
vais vu Bocquet tourner sur lui-même et Ravet s'étendre avec la raideur d'une statue ;
j'entendrai longtemps le sifflement continu
des balles, leur bourdonnement d'abeilles
quand elles sont à bout de force, leur coup
sec et strident sur la gamelle ou la crosse du
fusil ; longtemps, le hurrah si effrayant de la
nuit, les cris : en avant ! du matin, ceux d'appel au médecin que jette de temps en temps
une voix brève et si triste ; ces gémissements
du blessé qu'on soulève au départ, la plainte
contenue du camarade dont on frôle dans les
rangs l'épaule ou le bras fracassés ; enfin
le délire de l'homme frappé au front qui dé-
raisonne à tue-tête ; car j'ai vu tout cela et
c'est affreux ! affreuse aussi l'exclamation de
cet officier de mobiles à genoux sur un talus
qui se retourne à dix pas de nous !

— Maladroits ! vous venez de tuer un de
mes hommes.....

N'est-ce pas que c'est une terrible chose
qu'un combat, j'en appelle aux vrais militaires, surtout le combat rétréci des rues, sans
l'espace autour de soi, sans la mise en scène
du champ de bataille ; — mais toute res-
treinte qu'avait été pour nous la lutte, elle
n'avait point été sans grandeur ; la brigade

dont nous faisions partie n'était composée que de recrues : mobiles, mobilisés forcément enrôlés ou volontaires ; si la fortune n'eût pas trahi nos espérances, elle aurait pu avoir sa petite page d'honneur.

Le colonel nous fit ranger à Suresnes, le long du quai ; sa voix était émue, il nous parla d'ambulanciers qui avaient commis des vilénies ; des misérables avaient *confessé* (volé) de pauvres blessés expirants dont la bourse était bien garnie ou la montre en or (celle de Ravet qui était très-belle ne fut pas retrouvée) ; il eut un geste menaçant dont nous comprîmes parfaitement la signification.

— Si pareille chose se renouvelle devant vous, n'hésitez pas, je vous le permets. »

Le 20, au matin, nous quittions Suresnes, d'où j'écrivis à mon père : mon billet, daté de Puteaux, car je croyais être dans ce village, lui disait que sorti sain et sauf de la bagarre, je ne connaissais pas le résultat de la bataille, mais qu'elle allait probablement continuer. La foi m'était revenue.

Hélas ! non, la bataille était bien finie ; et maintenant que les incidents de la lutte me sont connus, je puis dire qu'on n'a pas fait ce qu'on eût pu faire.

Partout, malgré le peu d'entrain de la veille, on s'était battu avec acharnement : partout aussi, le soir, nos troupes couchèrent sur des positions conquises qu'elles quittèrent

sans savoir pourquoi. Il n'y eut ni victoire ni
défaite, et 75,000 hommes restèrent l'arme au
pied, pendant que 20,000 seulement étaient
engagés et que l'artillerie de Ducrot, attendue
dès le point du jour, prenait ses positions à
deux heures du soir.

Pour s'emparer de la route de Versailles,
point n'était besoin d'une folie héroïque ; le
plan était, paraît-il, habilement conçu ; nous
étions en nombre, pourquoi n'avoir pas osé ?
Mais le brouillard, la boue, etc., un soldat
se met à rire quand on lui parle de tout
cela.

On eût mieux fait de nous dire : « Vous
avez croisé le fer, l'honneur est sauf, capi-
tulons ! »

Partout sur notre passage, la population
de Paris nous attendait anxieuse, nous de-
mandant des détails que nous ne pouvions
lui donner. Tout le long des Champs-Élysées,
elle fit la haie, chacun cherchant un ami ou
un parent, et, suivant la chance ou la mauvaise fortune, il y eut un cri de joie ou un
sanglot.

Au coin de la rue de Marengo, devant les
magasins du Louvre, une jeune femme parcourut avidement les rangs ; c'était la sœur
de Ravet, elle n'avait plus que lui pour famille : Woye, qui la connaissait, lui tendit la
main et ce fut tout : la pauvre fille tomba
évanouie.

XII.

VISITE A LA MAISON DUBOIS. — INSURRECTION DU
22 JANVIER. — SERVICE DE LA VILLE. —
PRÉFECTURE DE POLICE, HÔTEL BEAUVAU,
ÉLYSÉE. — LE PUNCH ET LES GATEAUX ! —
ON NOUS PASSE LA MAIN SUR LE DOS. — CAPI-
TULATION.

. La petite colonie de l'hôtel des Empereurs
m'attendait avec impatience et se précipita
pour me serrer la main. La belle Anglaise
fit comme les autres, beaucoup mieux que les
autres;(honni soit qui mal y pense) elle m'embrassa carrément.

Il faut avoir été longtemps séparé de son
pays et des siens pour savoir combien ces
témoignages de sympathie vous remuent
profondément le cœur ; pour un instant ces
étrangers avaient remplacé ma famille absente, et si j'étais tombé la veille, inconnu
parmi tant d'autres, ils auraient du moins
recueilli mon nom et donné à mon souvenir
une pensée de regret.

On était ainsi ; jamais tout ce qui fait
l'homme bon, la sympathie, l'amitié, la fra-
ternité véritable ne furent plus en honneur

qu'à cette terrible époque, où chacun pensait à tous, tous à chacun.

Quelques jours auparavant, le colonel Mocquery m'avait prévenu, par un billet daté de St-Denis, que malade à l'ambulance de la Légion d'honneur, il allait être transporté immédiatement avec les blessés à la maison Dubois, de Paris.

Ma première visite fut donc pour lui. Je le trouvai un journal à la main, fort inquiet sur mon sort : ce fut une joie pour lui de me revoir. Je passai successivement chez MM. Arnault-Jeanty, Belle, Prou, Dumond ; l'ami Marchand m'attendait au retour. J'allai voir Émile Groussin et j'appris que Delaunay, dont le bataillon avait été cruellement éprouvé au moment du fameux hourrah poussé le soir à Montretout, était également revenu sain et sauf.

Ma journée du vendredi fut donc toute à l'amitié.

Paris apprit le lendemain, par les journaux, en même temps que l'insuccès de Buzenval, la défaite du Mans : deux nouvelles déceptions qui allaient être bientôt dépassées.

On s'agite, on crie : à bas Trochu ! Les clubs demandent son renvoi et le samedi soir, la foule furieuse ouvrait à Flourens les portes de Mazas.

C'était ouvrir les portes à l'insurrection.

En effet, le lendemain dimanche, à midi, Flourens marchait de nouveau sur l'hôtel de ville avec quelques centaines de faubouriens.

Cette fois, bien qu'il tombât de l'eau à verse, contrairement au célèbre mot de Pétion : « Il pleut, il n'y aura rien, » il y eut des coups de fusil, et parmi les victimes, comme toujours, on compta des curieux, des gens inoffensifs, des femmes, des enfants.

Vivement dirigé sur l'hôtel de ville, notre bataillon fit volte-face vis-à-vis de la tour St-Jacques : la gendarmerie de marche revenait le sabre au fourreau; tout était fini.

Au départ, un incident s'était produit dans ma compagnie : au moment où, quittant la rue de Marengo, elle débouchait dans celle de Rivoli, un homme de mon escouade, Meynard, garçon très-résolu et très-énergique, aux opinions avancées, avait protesté à haute voix. Le colonel le fit sortir des rangs et demanda si quelques autres refusaient de marcher; personne ne bougea et la colonne se remit en route.

A partir de ce moment, il y eut dans l'air comme une odeur de capitulation; pourtant Paris n'était point encore découragé, son âme était toujours aussi haute, ses résolutions toujours aussi viriles. Qu'importe, après tout, une amertume de plus, on ira jusqu'au bout; et s'il le faut, face à l'ennemi!

Cependant le bombardement continue sans relâche, jour et nuit : certains quartiers sont dévastés, Paris fait des pertes irréparables ; la belle collection des fossiles vient d'être complétement détruite au Jardin des Plantes. L'Observatoire avait beaucoup souffert. Chaque jour, la liste des victimes publiée par l'*Officiel* s'allongeait encore ; rien n'y fit. La misère était affreuse. Elle fut fièrement portée.

Ici se place un souvenir qui remonte au début du siége ; une jeune femme, vêtue de noir, sortant de l'église des Petits-Pères, vint un jour me barrer le passage à l'entrée de la galerie Vivienne et prononça quelques mots que je n'entendis pas.

Je crus avoir affaire à une intrigante du trottoir et je lui répondis d'un ton dégagé et légèrement gouailleur, que par ce temps d'épreuve nationale les hommes avaient perdu leurs plus belles facultés : — « Scipion ne serait que de la St-Jean, madame ; nous sommes tous du genre neutre. »

J'allais continuer sur ce ton, lorsque je vis qu'elle pleurait :

— « Oh ! monsieur, me dit-elle, je ne suis pas ce que vous croyez, bien que ma position ne soit pas régulière : Mon... mari (elle hésita un peu) est malade et je n'ai rien à lui donner ce soir ; je suis de bonne famille. Si mon mari ne meurt pas et que ma famille veuille nous revoir, dans six mois, nous serons riches peut-être. J'ai une sœur mariée à Paris à un marbrier.

Elle m'indiqua l'adresse de cette sœur, j'aurais pu vérifier le fait.

Dans tous les cas, cette femme paraissait souffrir de la misère et de la honte ; je la vis acheter de suite du tapioca et du sirop avec l'argent que je lui avais donné ; et ce qui me fit croire que son trouble n'était point joué, c'est qu'elle était partie rapidement sans me remercier.

Je disais donc que l'âme de la grande ville était toujours aussi haute.

Seulement, l'armée sentit tout à coup comme un ralentissement dans le service, la discipline devint plus molle : chaque soldat comprit que sa tâche allait finir.

A partir de ce moment, nos compagnies ne firent plus que le service de la ville.

Notre première garde fut montée à la préfecture de police. J'eus froid en franchissant la porte de ce lugubre et immense amas de pierres, dont les étroits corridors, les voûtes si sombres semblent suinter le mystère. La tenue, la figure de ceux qui entrent ou sortent, tout y a un air particulier, *sui generis*.

Woye me fit remarquer un noir couloir allant aboutir par d'interminables détours à différentes cellules, dans l'une desquelles il

avait passé quinze jours dans la plus grande
angoisse ; c'était à la suite de l'enterrement
de Victor Noir. « J'y pense souvent la nuit,
me dit Woye, et chaque fois j'ai le cau-
chemar. »

Les postes à nous désignés étaient le plus
souvent ceux du palais de l'Intendance, de
l'hôtel Bauvau : notre dernière garde fut
montée à l'Élysée.

Là, plus de murs humides, plus de couloirs
sombres, plus de ruelles sans soleil : partout
au contraire de vastes jardins, de l'espace,
de l'air au dehors ; du marbre, de l'or, d'é-
clatantes peintures au-dedans, partout des
glaces !

L'autre demeure sent la tristesse, la misère
morale, le mystère : celle-ci fait penser aux
fêtes pleines de lumières, aux joyeuses orgies : on dit qu'il y en eut de princières.

A propos d'orgies, j'ai parlé au 4e chapitre,
d'un jeune camarade avec lequel je m'étais
lié, bien qu'il appartint à une autre compagnie que la mienne. Le lecteur doit se rap-
peler par suite de quel quiproquo malheureux il avait reçu un coup d'épée destiné à un
sien cousin ; mon grand désir était de le voir,
ce cousin.

C'était un de ces heureux coquins qui se
donnent la peine de naître et pour qui la vie
est un banquet fleuri. Sorti du collége, il
s'en était allé de par le monde, s'attablant de

ville en ville, choisissant les plus belles et buvant du meilleur ; jusqu'à ce qu'enfin, las de sa course nonchalante et facile, un nouveau caprice eût ramené vers Paris, la ville éternelle des plaisirs, ce papillon dont les ailes étaient d'or ; car il avait trente mille livres de rente.

L'amitié d'un homme de lettres très-répandu, surtout dans le monde interlope de l'empire, avait fait de lui un grand viveur. Connu de beaucoup d'artistes, il avait pu avec quelques privilégiés assister, en la maison de Diomède, à la représentation du joueur de flûte et à celle du moineau de Lesbie ; également admis dans les meilleurs salons et dans les boudoirs du demi-monde, il devait connaître bien des choses.

— « Je vous le présenterai, me dit son parent, seulement je vous préviens que c'est un garçon complétement changé ; depuis l'effondrement il est devenu extrêmement calme et presque honteux de son passé, il évite surtout d'en parler. Si vous comptez sur lui pour apprendre quelques scandales, vous serez volé. »

Je passai quelques heures avec lui. Agé d'une quarantaine d'années, il n'avait rien dans son ensemble remarquablement distingué qui rappelât le viveur de profession ; au contraire, sa figure un peu pleine et son léger embonpoint annonçaient la santé du

corps et celle de l'esprit ; il avait pu boire à
bien des coupes, mais en sage épicurien, en
y trempant ses lèvres, sans les jamais vider.

De temps à autre, il nous offrait un cigare
avec une politesse exquise et un mot charmant, mais ce mot n'était point suivi d'autres
et la conversation tombait. Pour la relever je
me battais les flancs, je faisais des mots
en présence de ces deux athéniens de
Paris et des mots stupides, comme il arrive
toujours dans une situation ridicule ; et
là mienne s'aggravait en raison même de
mon agacement, — je pataugeais à plaisir ;
l'aimable garçon eut pitié de moi.

Arrivés à la hauteur d'un petit hôtel de la
chaussée d'Antin, il me le montra du doigt :

— J'ai vu là une bien jolie fête !

— Un bal ?

— Non, une soirée d'intimes où l'on re-
présentait des *tableaux vivants* ; mon Dieu,
autant vous le dire tout de suite, il s'agissait
ce soir-là d'une véritable débauche, mais sa-
vante et originale : la mythologie, Longus et
Boccace, Apulée lui-même, ce vieux blagueur
d'Apulée fournissaient les sujets qui étaient
reproduits avec un tel réalisme que la gra-
vure la plus décolletée des contes de Lafon-
taine (édition des fermiers-généraux) n'en
pourrait jamais donner l'idée !

La moins dévêtue des figurantes, une hébé
à la chevelure dénouée par l'ivresse, circu-

lait, la tunique entr'ouverte, un hanap d'argent à la main, distribuant l'ambroisie, sous forme de Champagne, avec une abondance qui aidait au dénouement, car il y avait un *dénouement*; alors les lumières s'éteignaient pour faire place à une voluptueuse obscurité ; — c'est ce que j'ai vu de plus réussi.

— Ah ça ! il n'y avait pas de femmes du monde, alors ?

— Deux seulement, mais elles avaient un nom.

L'aimable garçon qui a été l'un des comparses de cette fête et qui n'a fait que traverser ces grandes orgies, sans y laisser le meilleur de lui-même, est aujourd'hui un homme rangé ; il me lira certainement, mais j'aime à croire qu'il me pardonnera mon indiscrétion, me sachant gré surtout de n'avoir point forcé la note et d'avoir glissé sur les détails. En homme bien élevé il n'avait prononcé aucun nom, mais j'étais fixé sur l'un d'eux et j'aurais pu mettre une initiale qui eût crevé les yeux ; c'était tentant.

Le lecteur comprendra ma réserve, alors même qu'il s'agit de ces hétaïres de haute volée qui ne valent guère mieux que celles de la rue, mais qui sont après tout des femmes, et de ces grandes dames inassouvies qui s'ingéniaient dans leurs petites Lupercales à dépasser les raffinements de la débauche antique.

Je tenais à raconter cette soirée qui peint d'une façon saisissante les mœurs et les tendances d'une certaine société sous l'empire et qui explique si bien le mot d'un sénateur après le 4 septembre : « c'est égal, nous nous sommes bien amusés ! »

Ceci dit, revenons à notre sujet, c'est-à-dire à l'Elysée, où pour le moment nous sommes de garde.

Je voulus voir de suite, et je vis en effet par une porte entr'ouverte le fameux petit salon Louis XV, placé au rez-de-chaussée, où M. Bonaparte, en compagnie de Morny, Maupas et St-Arnaud, ses trois complices, tint son conseil de guerre dans la nuit du 2 décembre :

> « Trois amis l'entouraient, c'était à l'Élysée ;
> « On voyait du dehors luire cette croisée.
> « Regardant venir l'heure et l'aiguille marcher,
> « Il était là pensif ; et rêvant d'attacher
> « Le nom de Bonaparte aux exploits de Cartouche,
> « Il sentait approcher son guet-apens farouche. »

Pour le moment, deux chandelles de suif, posées à plat sur le parquet, remplaçaient les bougies roses des riches appliques et des candélabres d'or, dans la célèbre galerie des glaces, tout étonnées de reproduire, au lieu des éblouissantes toilettes et des charmes opulents de la grosse Mathilde, nos figures amaigries et nos capotes mi-usées.

Sic transit gloria mundi ! Dans la salle du fond, faisant face à cette merveilleuse galerie,

un trumeau vide semblait indiquer qu'un tableau de prix avait été enlevé !

Nous étions là, couchés sur nos sacs e^t
roulés dans nos couvertures, au beau milieu
de la nuit, lorsque quelqu'un cria : Du punch !
qui veut du punch !

C'était du vrai punch que l'armée de Paris
devait à la générosité d'un riche Anglais.

Une heure après nous étions rendormis : la
même voix cria : Des gâteaux !

D'un bond, je fus debout. « L'imbécile, fit
« le chœur, comme il *a coupé* dedans. »

Évidemment, on nous passait la main sur
le dos. Ce punch si libéralement offert sentait
terriblement l'armistice, peut-être une capitulation.

Cette même nuit, étant de faction près du
parc, en face l'hôtel de Beauffremont, un
ballon passant sur ma tête vint raser les
maisons. Il y avait quelque chose de profondément triste dans ce départ furtif, la nuit,
de ce dernier messager qui devait porter à
la France nos dernières illusions. Le vent le
poussait vivement vers le nord : peut-être était-
il un de ceux dont on n'entendit jamais parler.

J'ai dit : nos dernières illusions ; hélas !
notre agonie commençait, le redoutable problème de la défense touchait à sa fin, et deux
jours après le sacrifice était consommé !

. . . .

Etait-il digne de la victoire, ce pays qui

avait subi pendant vingt ans l'empire et l'a-
vait souvent acclamé? l'empire, ce démorali-
sateur par excellence, ce contempteur de
toutes choses honnêtes, qui avait abaissé tous
les cœurs, amolli tous les courages, faussé
surtout le bon sens et la morale publics?

Etait-il digne de la victoire, ce pauvre
grand peuple qui avait si complétement ab-
diqué?

Insoucieux de ses libertés, heureux de sa
servitude volontaire, il en profitait pour jouir
et pour exécuter l'immense sarabande dont
les grands tenaient la tête. Qu'avait-il besoin
de penser, d'ailleurs? la presse vendue pensait pour lui, apportant la pâtée du jour avec
l'ignoble roman du matin, pendant que l'a-
venturier, qui devait garantir sa digestion,
l'amusait encore avec des fanfares et des revues.

Séduits par la fausse grandeur du pouvoir,
se reposant complétement sur lui, les meilleurs esprits suivaient le courant, se laissant
aller à la dérive, perdant toute virilité, n'ayant
plus qu'une croyance, celle à l'or et au plaisir.

Dieu, la famille, n'étaient plus que des
mots ; la patrie était moins qu'un mot, et
comme le petit crevé de la comédie, combien
auraient pu dire: connais pas.

Pourtant, tout n'était point perdu, quand
le misérable qui avait commencé par un

crime et fini par une lâcheté, eût livré notre armée à Sedan ; la France désabusée pouvait encore se racheter, elle pouvait faire un viril et suprême effort. Aidée par de nobles cœurs, de vaillantes épées et d'énergiques soldats qui lui restaient encore, elle fit cet effort ; il y eût un véritable élan.........

Mais Bazaine était là ! ..... toujours l'empire.

Paris fut grand dans la douleur comme il l'avait été dans l'enthousiasme ; et dans sa dernière tristesse, il eut au moins cette consolation de ne point voir son armée prisonnière.

Pauvre armée ! comme je l'ai entendu calomnier depuis par quelques-uns.

Ceux-là n'ont jamais monté la garde sous la bise glaciale, pendant tout un hiver, qui parlaient ainsi ; jamais passé de longues veilles sous la neige et les pieds dans la boue ; jamais souffert de la faim. Ceux-là sans doute attendaient les événements, les pieds sur les chenets, près d'une table bien garnie, pendant que les zouaves tombaient à Champigny et que des régiments, comme le 35e de ligne, perdaient jusqu'à 800 hommes dans une même action.

On m'a souvent demandé mon opinion sur Trochu. Il y aurait de ma part outrecuidance à la donner sans réserve.

Cet austère soldat qui s'est tenu à l'écart de la cour, ce chrétien convaincu qui est à la fois un orateur et un écrivain, me plaît ainsi : je pense avec tous qu'il a été un merveilleux organisateur et qu'à cet homme si brave pour son propre compte, mais qui croyait avoir charge d'âmes, il eût peut-être fallu adjoindre quelque casse-cou.

Le rouge me monte ici à la figure, quand je pense qu'au milieu du deuil général, je vis le soir de la capitulation quatre officiers de mobile, en grand uniforme, rire joyeusement avec des filles du boulevard.

— « La fête recommence, canailles ! » dit Dumond en passant près d'eux. Personne ne releva le défi.

Par contre, il y eut quelques cas de désespoir héroïque : un lieutenant de vaisseau se fit sauter la cervelle, au fort de Montrouge ; des officiers blessés ou malades dans les ambulances succombèrent sous l'émotion.

Quant à moi, je n'avais plus qu'un désir, celui de quitter Paris au plus vite et de revoir les miens. Depuis cinq mois que je n'avais reçu de leurs nouvelles, qu'étaient-ils devenus ?

XIII.

DÉPART DE PARIS. — LA MALMAISON. — WERDA !
— LE PAYSAN DÉSINTÉRESSÉ. — ST-GERMAIN-
EN-LAYE. — LA LIVRE DE BEURRE. — VER-
SAILLES. — LA MUSIQUE DU CHATEAU. — UN
SOUVENIR DE 1814. — RETOUR AU PAYS. — LES
PRUSSIENS PENDANT L'ARMISTICE. — L'OFFICIER
ventard ET SON PETIT ACCIDENT. — UN HULAN
DANS DU FUMIER ET UNE TÊTE SUR UN BILLOT. —
LE MOT DE LA FIN.

Je demandai au capitaine Jeoffroy de vouloir bien m'obtenir un exeat. Ma demande
fut transmise au colonel, qui me renvoya
son ordonnance, avec une lettre que je con-
serve précieusement, car elle émane d'un
homme qui fut brave entre tous et qui a
joué un certain rôle à cette époque mémorable, puisqu'il eut l'honneur de commander
une brigade à Buzenval et d'être appelé plusieurs fois dans les conseils de la défense.
Voici la lettre :

1re Subdivision
6e *Régiment*
de Paris

—◦◈◦—

Paris, ce 2 février 1875.

Monsieur,

Avant que vous ne quittiez Paris, je veux vous
remercier du concours énergique que vous avez
apporté dans la défense de notre malheureuse cité.
Vous aviez choisi le 12e bataillon pour votre nouvelle famille ; puissions-nous plus tard nous retrou-

ver dans des circonstances moins cruelles ; mais si nous avons une consolation, c'est celle du devoir accompli et la résolution bien ferme de ne jamais y transiger.

Le jour où nous pourrons avoir une éclatante revanche, que l'on nous retrouve tous prêts.

Au revoir, Monsieur. Recevez l'assurance de mes sentiments bien dévoués.

> Le lieutenant-colonel, commandant
> le 6e régiment,
> MOSNERON-DUPIN.

Muni de cette lettre, j'allai à la préfecture de police, et le soir même, à pied, vêtu d'un paletot de chasse, coiffé d'un chapeau mou, tenant un petit sac de voyage à la main, je quittais Paris avec un laissez-passer moitié en allemand, moitié en français, que je présentai aux deux sentinelles prussiennes qui gardaient le pont de Neuilly.

J'eus presque envie de pleurer : j'étais à 60 lieues de mon pays, et pour aller le rejoindre, je commençais par lui tourner le dos, sans même savoir par quelle voie je pourrais m'y rendre : j'allais dans ma propre patrie, mendier de lieue en lieue un visa à l'ennemi, dont je voyais le drapeau si superbement flotter à quelques cents pas de moi, au sommet du mont Valérien.

A partir de ce moment, mon retour à travers les lignes prussiennes fut un long calvaire.

Pendant les deux heures que j'attendis, de l'autre côté du pont, le visa de l'autorité allemande, je pus trouver du pain qu'un obligeant aubergiste ne voulut point me faire payer.

Mon but était de gagner Versailles, et de là, la Beauce : aussi, j'acceptai avec empressement l'offre que me fit de monter avec elle une femme conduisant un petit cheval attelé à une méchante charrette. Elle prit la route de Courbevoie.

Notre pauvre bête, dont le harnais d'ordre composite n'était que de pièces et de morceaux, avait une sellette en cuir blanc, qui par sa forme et l'arrangement des boucles annonçait une origine peu française. J'en fis l'observation à la voiturière : « — C'est un cadeau de *messieurs* les Prussiens, » me dit-elle gentiment.

Moins fier que la cavale de Messidor, le maigre animal avait la tête sur les genoux et paraissait porter avec la plus grande résignation le harnais de l'étranger.

Notre pauvre attelage marchait bien lentement, au pas de procession, et notre voyage aurait pu durer indéfiniment, sans le sabot qui, du pied de ma voisine, passant par sa main droite, allait à la croupe du malheureux cheval avec une périodicité désespérante.

Certes, j'aurais de beaucoup préféré aller à-pied, mais je ne connaissais point le pays, et avec cette femme du moins, perdu au milieu de cette nuée d'ennemis, je pouvais parler français.

Partout sur notre passage, nous rencontrions des troupes en marche ; Landwer, Hulans, etc. Souvent nous étions croisés par une élégante victoria qui ramenait deux ou trois officiers en belle humeur. Ma voiturière, qui sentait l'eau-de-vie et avait un parfum de corps de garde assez prononcé, leur adressait chaque fois un gracieux sourire ou quelque folichonne plaisanterie, que les galants Teutons avaient l'air de comprendre. Évidemment, pour cette femme il n'y avait pas de patrie ; pour elle, un homme était un homme, voilà tout.

À Rueil, où elle s'arrêta, je descendis. Je marchai longtemps dans l'immense massif de bois, qui se trouve derrière la Malmaison, dans une direction qu'on m'indiquait être celle de Versailles : je marchais machinalement devant moi, rencontrant à chaque pas des sentinelles qui me laissaient passer.

Il y avait peut-être deux heures que j'allais ainsi, lorsqu'un coup de feu fut tiré à une cinquantaine de pas à ma droite : un factionnaire me barrait le passage à un rond-point, pendant qu'un autre, celui qui avait crié le : Werda, que je n'avais pas entendu, rechargeait son fusil.

Un officier parut et me demanda en français pourquoi je ne m'étais pas arrêté à la première injonction du factionnaire : je lui expliquai mon état de lassitude morale et physique, que ne démentait point ma figure, et lui remis les papiers que j'avais sur moi.

L'officier parut satisfait ; il vit dans mon portefeuille quelques cartes de visite, des lettres, il en parcourut quelques-unes, et me dit en mauvais français, mais avec une certaine courtoisie, que ce qui avait excité la défiance de la sentinelle, c'était ma tenue assez *singulière* et *pas ti tout pien pelle.*

On se rappelle que j'avais quitté Paris, vêtu d'une veste de chasse, d'un pantalon de velours emprisonné dans de grandes guêtres en cuir noir et que ma coiffure était un chapeau mou : pour comble de malheur, une longue ceinture bleue, que je portais roulée autour de mes reins, s'était détachée pendant ma marche et pendait de côté. J'avais été pris pour un franc-tireur en rupture de ban !

Cependant le coup de fusil ne devait être qu'un moyen d'intimidation ; mon aspect n'avait rien d'agressif, j'étais seul et me rapprochant de la sentinelle par la direction que je suivais, elle aurait eu trop beau jeu.

Je rattachai soigneusement la malencontreuse ceinture et, après avoir donné à l'ensemble de mon costume une physionomie plus honnête, je continuai ma route.

J'apercevais déjà le viaduc de Louveciennes,

lorsque je hêlai un paysan qui conduisait un âne chargé de légumes.

— Bonhomme! combien me demandez-vous pour me conduire à Versailles?

— Cent francs, monsieur, c'est à prendre où à laisser, ah dame! c'est *qui* n'y fait point bon dans ces bois, par ce temps-ci!

J'en savais quelque chose, et il me tardait de les quitter. Le rusé paysan le voyait bien, et voulait exploiter ma position critique. Je cherchai à l'apitoyer, je lui dis que j'avais 80 lieues à faire à pied, qu'il me restait peu d'argent, etc.

Enfin, il me proposa de me conduire de suite à St-Germain-en-Laye, moyennant cinquante francs dont je lui payai la moitié d'avance. Égaré comme je l'étais, au milieu des bois, à la fin du jour, il n'y avait pas à hésiter, et quand, trois heures après, mon conducteur me laissait au bas de la côte de St-Germain, j'aurais volontiers embrassé cette canaille.

Il était neuf heures. J'entrai dans le premier hôtel venu : il était plein d'officiers dont quelques-uns dînaient encore. L'un de ceux-là, seul à une table, en manches de chemise, pour être plus à l'aise dans ses entournures, remuait à l'aide d'une cuiller en bois d'énormes morceaux de viande que recouvrait, dans un grand saladier, pareille quantité de pommes de terre fumantes. Cette immense augée, dont n'auraient pu venir à bout quatre chiens courants bien corsés, disparut comme une muscade. Du pain, il n'en fut pas question.

Je m'installai dans un coin avec un cartonnier du passage Verdeau qui avait aussi quitté Paris dans la journée; seulement, plus sage que moi, ne cherchant point le chemin le plus court, mais le plus sûr, il avait avec soin évité les bois et suivi la grande route de Paris à St-Germain.

L'hôtesse demanda ce qu'il fallait nous servir : nous n'eûmes qu'une pensée : du beurre! et du pain blanc!

Ah ! le délicieux repas, toute la livre y passa.

Le lendemain, moyennant 20 francs, une voiture de maraîcher nous conduisit en quelques heures à Versailles, où je quittai bien à regret mon compagnon de route. Le pauvre homme était dans de terribles angoisses ; avant le siége, il avait laissé sa femme malade d'une fièvre typhoïde, à Châteaudun.

J'errais sur la place d'armes, mon petit sac à la main, au milieu de cette nuée de soldats noirs, lorsque je vis venir à moi un gros garçon, à l'air jovial, couvert de breloques et portant également un sac de voyage à la main.

C'était encore un échappé de Paris, cherchant à gagner la province; la ville lui était connue, il me conduisit à l'hôtel du Cheval-Blanc, près la grille du château.

Nous étions bien tombés! la maison était pleine de Prussiens. L'état-major déjeûnait dans la salle où l'on nous fit entrer : le champagne frappé coulait à flots, les joues de ces messieurs étaient rouges comme des pivoines, et leur tapage étourdissant ne cessait tout-à-coup que lorsqu'un général entrait. Alors chacun se levait vivement de dessus sa chaise comme d'une boîte à surprise; l'on n'entendait plus que le pas mesuré de l'officier supérieur qui, passant lentement devant les tables, saluait froidement à droite et à gauche, avant de se retirer.

C'était sans doute la revue de *tempérance,* nos Germains ayant si peu l'habitude du vin.

A mon entrée dans la salle, j'avais fait à mon compagnon, qui se trouvait être un courtier en vins de Bercy, un signe de désespoir :

— Mais nous sommes très-bien ici, très-bien, je vous assure !

Nous ne parlions pas la même langue; j'en pris mon parti.

Près de nous, le docteur Ricord, reconnaissable à la casquette surmontée de la croix de Genève, à sa bonne grosse figure

encadrée de cheveux blancs que tout le
monde connaissait à Paris, mangeait seul à
une table.

— Tiens, tiens, dit mon courtier d'un ton
goguenard, il paraît que Vénus a fait des
siennes ; Mars a la rougeole !

Après déjeûner, mon compagnon devait se
mettre à la recherche d'une voiture ou d'un
guide qui put nous conduire à quelques
lieues de Versailles, dans la direction d'Orléans.

Il y avait bien une heure qu'il m'avait quitté :
j'attendais son retour en face de l'hôtel, sur
la place d'Armes, au pied d'un arbre que je
lui avais indiqué, et à aucun prix je n'aurais
voulu quitter cet endroit où nous devions
nous retrouver.

J'étais donc là, l'attendant tristement, lorsque la musique d'un régiment de cuirassiers
blancs vint former le cercle à dix pas de
moi.

Elle était belle, cette musique ; mais ces
chants de victoire, que je subissais au piquet,
étaient ceux du vainqueur : je n'y pus tenir ;
les larmes coulèrent malgré moi, je pleurais
comme un enfant. Je sentis quelqu'un me
tendre la main et me remettre une carte ;
c'était un jeune avocat de Versailles, du nom
de Proust. — « Si vous ne trouvez pas d'occasion, pas de guide, me dit-il, venez chez

9

moi ; restez un jour, deux jours, un mois s'il
le faut ; vous me ferez plaisir. »

Avant mon départ, je voulus le revoir, il
était sorti : je lui laissai un mot de souvenir
et je pense souvent à lui.

J'avais appris, dans la journée, que le chemin de fer conduisait jusqu'au-Mans certaines
catégories de personnes, des fournisseurs de
subsistances, des candidats à la députation :
je tentai l'aventure et me présentai, avec mon
laissez-passer déplié, à l'officier qui surveil-
lait la gare.

Ma feuille de route portait en marge ces
mots en grosses lettres : *se rend dans sa
famille pour intérêts privés.*

— « Des intérêts privés ! et qu'est-ce que
çà nous fait, à nous, vos intérêts privés ? »
me répondit l'officier en froissant violemment le papier.

— Mais, dis-je timidement, pour me
rendre...

— Eh bien ! môsieu, prenez un bâton.

Le lendemain 5, au point du jour, nous
nous mîmes en route avec un jeune garçon
qui vint nous conduire à quelques lieues de
Versailles. Ce jour-là, notre traite fut longue,
et lorsque le soir, harassés de fatigue, nous
demandions asile dans une ferme isolée,
nous avions de beaucoup dépassé Bruyères-
-le-Châtel.

A Saint-Germain et à Versailles, me défiant

de mon estomac fatigué, j'avais mangé avec
beaucoup de précaution ; mais nos deux derniers repas, dont la base était toujours le
beurre (c'était une rage), nous avaient donné
des forces, et la bonne nourriture commençait à produire son effet.

Aussi, ce fut avec une nouvelle vigueur
que notre route fut reprise, et le 6 au soir,
après avoir fait vingt lieues peut-être, je ne
sais trop comment, tantôt à pied, tantôt en
voiture, nous arrivions à la nuit tombante
à Orléans, où me quitta le marchand de
vins.

Je dormis 20 heures de suite ; nos dernières
étapes m'avaient brisé.

Depuis Bruyères-le-Châtel, nous avions traversé bien des bourgs, bien des villages, dont
je ne me rappelle plus les noms ; ma tête,
d'ailleurs, était trop fatiguée, je ne demandais
qu'une chose : passer !

C'est dans l'un de ces villages que je vis
une trentaine de prussiens sans armes (elles
étaient à leurs pieds), alignés avec le casque
sous le bras, devant un officier qui, le lor-
gnon à la main, paraissait examiner de très-
près la tête de ses hommes.

A la porte de la maison où nous entrâmes,
se trouvait un petit garçon d'une dizaine
d'années : — « père, dit l'enfant à un paysan
qui se tenait à l'intérieur, voilà deux messieurs, un gros et un maigre, qui demandent à

manger. Assis près du feu, dans un fauteuil
garni de paille, un vieillard nous raconta les
misères du pays pendant que nous mangions
avidement la seule chose qu'on put nous donner : un *miot* (du pain dans du vin): — « nous
avons bien souffert dit-il, plus que l'autre
fois. » En 1815, nouvellement marié à une
jeune et jolie femme, il avait tué d'un coup de
fourche un de ces pendards ; — « c'est là
qu'il a été tué, le cochon, près de ce mur. »

— Tué — cochon — hurla le premier des
prussiens qui rentraient : Ka-ma-rates manger cochon. »

Et joyeux il fit claquer sa langue.

— Depuis longtemps, il n'y a plus ici à
manger, que ce que vous apportez vous-mê-
mes, dit le fermier; voyez ce que mangent ces
deux pauvres parisiens.

— Parisiens cochons ! cochons parisiens !
fit l'allemand plein de son sujet et roulant les
yeux : « tous capout !

Le *miot* s'arrêta dans ma gorge, mon compagnon, plus heureux, buvait le pain.

Dans la maison, nous n'avions pas vu de
femme, cette joie ou cette consolation du
foyer — la variole a enlevé ma pauvre bru,
dit le grand-père ; ah ! messieurs, l'année terrible !

Il y avait du Victor Hugo dans ce vieillard-
là !

A chaque pas, nous rencontrions des compagnies d'infanterie allant d'un point à un autre, des escadrons galopant sur les routes ou manœuvrant dans les champs.

Partout, surtout en avant d'Orléans, des maisons incendiées, des toits effondrés, des murs crénelés ; çà et là les restes d'un cheval mort, un tumulus surmonté d'une ou plusieurs croix, indiquaient qu'on s'était battu.

A Orléans, j'étais sauvé ; le chemin de fer, aux mains des Allemands, conduisait depuis la veille les voyageurs jusqu'à Vouvray. Le lendemain, j'étais à Tours, et le dimanche 8 à Neuillé.

A cheval sur la route du Mans à Tours, notre pauvre bourg qui avait l'avantage de posséder le duc de Meklinbourg et une partie de son corps d'armée, était noir de Prussiens : notre maison en était bondée. J'eus à les subir un long mois, pour moi plus douloureux que ceux du siége.

Ma famille, je l'avais déjà appris à Tours, était bien portante ; seul, mon père était très-fatigué : nommé maire de Neuillé après le 4 septembre, malgré ses 70 ans, il avait accepté par patriotisme une tâche au-dessus de ses forces, à laquelle il n'eût certainement pas résisté, sans le concours si dévoué et si énergique de notre ami M. H. Groussin, son adjoint.

Tout n'était point rose, à cette terrible époque, pour la nouvelle administration: elle eut à lutter contre bien des mauvais vouloirs. Un jour, elle eut aussi à faire face à une véritable émeute soufflée on ne sait par qui ; affolés par la peur et craignant une résistance, de pauvres diables avaient pris pour des caisses d'armes d'inoffensifs ballots de linge et des malles pleines d'effets.

Il ne me semble point du tout inutile de donner ici quelques détails sur les allemands, les officiers surtout que je trouvai logés à la maison.

En faisant d'eux des hommes d'une intelligence remarquable, d'une érudition profonde, d'une bravoure froide et à toute épreuve, je crois qu'on les a de beaucoup surfaits. Certes, l'Allemagne au point de vue du savoir est un grand pays ; l'on cite ses savants comme les premiers du monde et l'on a sans doute raison ; l'instruction primaire y est plus répandue que chez nous, et dans le sens étroit du mot il n'y a pas d'illettrés ; mais la classe dite éclairée y est-elle plus instruite que la nôtre ? — J'en doute fort.

Ces messieurs avaient de grandes prétentions aux sciences générales: la physique, la philosophie, la médecine pour eux n'avaient point de secrets. A les entendre, la littérature française leur était familière et Victor Hugo comme Musset étaient leurs auteurs favoris;

mais lorsqu'on voulait s'assurer du fait, on s'apercevait vite qu'ils en parlaient comme un aveugle des couleurs.

Quelques-uns avaient la manie de versifier et comme leurs élucubrations poétiques traînaient dans les Chambres et s'éparpillaient à tous les vents, il nous a été facile de faire traduire quelques-unes de ces odes à Guillaume ou de ces stances à Marguerite. Rien de plus vulgaire et de plus enfantin ; il est vrai que ces stances enveloppaient ordinairement un joli bouquet de galantines-perceneige, cette gracieuse petite fileur, si frêle et si blanche qu'on la dirait anémique et pas encore nubile.

Pauvres fleurs ! qu'une main charmante et bien-aimée avait plantées avec tant de sollicitude ; qui m'eût dit que deux ans plus tard, un soldat étranger les viendrait arracher à leur tige, pour les adresser à sa greetchen, avec la paire de boucles d'oreilles laissées au fond du tiroir ou l'éventail oublié sur la table du salon !

Oui, nous les valons bien par l'instruction, et nous valons mieux par l'esprit et par le cœur ; chez eux la bête domine trop ; mais ils possèdent au suprême degré ce qui fait les hommes vraiment forts: la dissimulation.

Un exemple :

Un jour deux jeunes fantassins, deux adolescents (ce détail a sa valeur) vinrent, en

baragouinant avec force gesticulations, réqui-
sitionner une voiture dont ils avaient le plus
grand besoin. Nous eûmes beaucoup de peine
à les comprendre, mon père me supplia de
les accompagner et de battre la campagne
avec eux, pour éviter de nouvelles difficultés.

Pendant le trajet, j'eus quelque chose à leur
demander. J'essayai pour me rendre intelli-
gible de substituer quelques mots de latin au
français qui m'avait si peu réussi. Comme
mon français j'y perdis mon latin, c'était dé-
sespérant ; aussi je me renfermai dans un
mutisme complet ; mais avant de nous remettre en marche, les yeux de mes compagnons
démesurément grands et stupides, restaient
fixés sur moi d'une façon qui me démontait ;
comme ils auraient voulu me comprendre, les
pauvres gens !

Deux heures plus tard, nous rentrions au
bourg ; avisant la femme du garde-champêtre
appuyée sur le seuil de sa porte, je lui demandai si son mari était là.

— « Elle n'a pas dû être mal, la femme du
garde-champêtre ! » dit une voix très-claire,
très-nette et absolument sans accent, à deux
pas de moi.

Je me retournai ; c'était un de mes allemands qui s'était oublié ! Que voulez-vous ?
l'homme n'est pas parfait, et puis à dix-huit
ans ! c'est bien excusable !

J'eus de la peine à ne pas lui envoyer un

coup de pied dans les œuvres vives, je me re-
prochai longtemps de ne pas l'avoir fait.

Le premier que je vis à mon arrivée et qui
occupait ma Chambre s'empressa de me la
céder, c'était un gros intendant couvert de flanelle qui n'avait pas dérangé une épingle, il
tint à me le faire remarquer : « — J'ai lu une
partie des livres qui sont ici, me dit-il, et je
voudrais bien emporter ceux-ci comme souvenir. »

Sa main s'était posée sur deux magnifiques
volumes de Louis Blanc : l'histoire de la révolution française ornés des magistrales
gravures que l'on sait.

Comme *souvenir* ! — il avait souligné ce
mot d'une façon singulièrement impérative.
Au lieu de lui répondre par l'affreux jeu de
mots que m'avais fait un jour mon professeur
de secondes, me tendant un demi décime :
« Vous voulez voir un *sou venir*..., je lui
répondis froidement que tenant cet ou-
vrage d'un ami, je ne m'en désaisirais
à aucun prix et je saluai, toujours froidement.

Deux heures après, mon intendant était parti, mais une jolie petite trousse de campagne,
que j'apportais de Paris, l'avait suivi ; le bon
et affectueux allemand tenait à son souvénir.

Le second, qui logeait dans une grande
chambre de réserve, était un jeune officier
de dragons bleus, au teint fleuri des couleurs de la pomme et aux cheveux plus

blonds que les blés ; un coup de soufflet de plus, disait un maréchal du pays, il eût été rouge.

Ce jeune monsieur bien ganté, bien frisé, répandant l'odeur de toutes les plantes (je n'ose pas dire : celle des pieds), paraissait un peu gêné par le sang et beaucoup par des vapeurs dont l'émission se confondait ordinairement avec une toux assez bruyante, mais qui ne m'avait jamais donné le change sur son infirmité ; pour moi, ce monsieur plein de morgue était atteint de *crépitomanie*, ce qui explique les parfums.

Un soir le vent soufflait plus fort qu'à l'ordinaire (car la toux était plus forte et plus fréquente), au détour d'une allée, à deux pas de moi, la fameuse émission se fit à contre-temps!... et d'une façon éclatante ! indéniable !

Sanguin comme il l'était, si le malheureux avait eu dix ans de plus, son affaire était faite. L'apoplexie n'eût pas lieu et la réaction fut même si prompte que sa pâleur devint effrayante ; la honte et la colère combinées avaient pu seules produire un pareil phénomène.

Je continuai ma promenade, impassible comme s'il ne se fut rien passé, mais je voyais l'exaspération contenue de cet homme croître en raison même de mon impassibilité ; il écumait.

—Puis faire arrêter vôs, me dit-il, un instant

après, à propos de je ne sais quel incident futile.

— Comment, me faire arrêter ? Est-ce que c'est ma faute à moi... et j'ajoutai tranquillement : — Si ça peut faire votre bonheur, ne vous gênez pas ; de plus, voulez-vous f... le feu à la maison, je vais vous aider ; puis, le regardant bien en face : — vous ne m'épouvantez pas, mais pas du tout !

Cette fois il eût peur :

— Echauffez pas vôs, môsieu, échauffez pas.

Le soir, sous prétexte de ne pas nous déranger, il avait quitté la maison pour aller coucher ailleurs.

Capon !

Tous n'étaient point braves, comme on le voit, il s'en fallait de beaucoup et j'en ai vu qui ont passé le temps de l'armistice à ne pas *détrembler*. Leur préoccupation continuelle était celle-ci : la guerre continuera-t-elle ?

Jamais un mot de Bismarck ; de de Molke au contraire, ils en parlaient avec admiration ; quant à Guillaume, c'était le plus grand des rois.

— Grand roi, roi Guillaume ! dit une fois l'un d'eux à un de mes amis.

— Oui, l'on dit que c'est un rude bonhomme, cinq pieds six pouces et une tête !... une tête !

—Non môsieu, pas ça ; grand ! puissant

— J'entends, il a du ventre.

— Vôs pas comprendre ti tout, môsieu, Prusse grande ! grande !!...

— Oui, elle tient pas mal de place sur la carte, mais c'est tout.

L'allemand se leva désespéré.

J'employais prés d'eux un moyen qui me réussissait assez souvent, je les prenais par la vanité ou l'amour-propre et comme ils tenaient à paraître civilisés, je m'en tirais assez bien. Ainsi, par exemple, quand ils insistaient pour avoir une chose que je ne voulais pas leur donner, je leur disais ceci : vous êtes les plus forts, prenez ; mais en France cette action qui consiste à prendre de force le bien d'autrui a un nom — nous pas voleurs ! disaient-ils, et tout était fini.

Il était difficile de faire de l'intimidation avec un ennemi qui nous tenait sous sa botte et dont l'exigence n'avait pas de bornes ; le plus sage était de ruser, mais malheureusement nos finesses était souvent cousues de fil blanc.

J'avais un petit panier à quatre roues qui faisait la joie des officiers ; le malheureux véhicule était toujours en route, revenant chaque soir avec un garde-crottes ou un aileron faussé. Je le vis partir un matin entraîné par deux chevaux ; cette fois je fus épouvanté et je n'hésitai pas au retour à enlever sournoisement une roue de devant que je mis sous clef.

Le lendemain un de ces volontaires qui avaient un grade intermédiaire entre celui de sous-lieutenant et de sous-officier vint demander le panier pour un de ses chefs ; je pris un air consterné : « Je viens d'envoyer la roue à Tours chez le carrossier. »

— A Tor ?

— Oui à Tours, je suis désolé.

Et le sous-officier fit un mouvement d'épaules qui voulait dire : c'est un petit malheur. Cinq minutes après, j'étais en train de conter le succès de ma ruse à mon père, lorsque je vis le prussien revenir accompagné d'un charron porteur d'une roue de brouette complétement neuve : — celle-là ne cassera pas, me dit le prussien ; — seulement, pas rouge comme l'autre.

Au premier coup de marteau, mon essieu à patentes devait être perdu, j'allai piteusement chercher ma roue que je remis au charron en disant que le messager l'avait oubliée. L'un de nous riait à gorge déployée, ce n'était pas moi. Le petit officier crépitomane était bien vengé.

Le dernier qui prit congé de nous fut le comte Haberland, commandant les chasseurs de Brunswick ; il était accompagné d'un jeune officier qui ne savait pas un mot de français, n'avait jamais fumé et ne buvait pas de vin ; de plus, le lieutenant E. Otto était frais comme une jeune fille dont il avait aussi la timidité.

Ces deux hommes aimables, car ils l'étaient vraiment, se seraient gênés pour nous éviter le plus petit désagrément, la moindre incommodité; aussi sont-ce les seuls avec lesquels nous nous soyions jamais entretenus. Le commandant parlait de Paris où il y a quelques dix ans il avait fait des siennes, et en parlait en homme qui a mené grande vie. Chaque phrase de notre conversation était traduite en allemand pour le jeune Otto qui devenait rouge comme une cerise, chaque fois que le bon commandant entrait dans des détails qui dépassaient la ceinture; le vieux comté ajoutait en riant, qu'à son âge le carquois de l'amour étant trop vite épuisé, il avait depuis longtemps remplacé celui-ci par une cartouchière bien garnie; mais après la chasse, sa plus grande, ou plutôt sa seule passion, la musique lui procurait encore d'agréables instants; surtout la musique de Wagner, qu'il appelait, ne pouvant trouver le mot propre, la musique de *la vie future* (de l'avenir).

Il ne cachait point son peu d'enthousiasme pour la guerre, qu'il appelait un vilain jeu des rois et un jeu de *vilains*, et son ambition présente était de retourner au plus vite dans ses terres pour y rouler un lièvre.

Au moment de leur départ, voyant approcher les chevaux du perron, j'avais fui par derrière jusqu'au fond du jardin pour ne pas êtré obligé de recevoir leurs adieux. La

bonne vint me dire que les deux officiers tenaient à me voir et qu'ils me savaient là —
impossible de reculer.

Le comte me dit qu'il n'avait pas voulu quitter la maison sans saluer l'hôte qui lui avait
donné une hospitalité sans doute forcée, mais
dont il n'avait eu qu'à se louer ; il se montra
très-reconnaissant surtout de ce qu'on l'avait
servi, lui et son jeune ami, avec de l'argenterie,
ce qu'on n'avait fait nulle part ailleurs ; il ajouta
qu'il n'avait qu'un regret, celui de me quitter
sans pouvoir me serrer la main.

Ici, je l'avoue, je fis un immense effort pour
ne pas lui tendre la mienne. Il me laissa sa
carte en échange de laquelle je lui en remis
une autre, qui portait ma qualité de volontaire
au 6e régiment de Paris.

— Eh bien ! je m'en doutais, me dit-il, et, tout
fier de cette nouvellle marque de confiance, il
me fit un dernier adieu.

En parlant de l'argenterie qui n'était que
du ruoltz, la véritable ayant été cachée avec
nos armes sous le plancher du grenier,
le comte Haberland s'était grossièrement
trompé, mais la précaution que nous avions
prise était sage, car les ordonnances qui rem-
plissaient la maison étaient d'affreux pillards
qui nous avaient pris de tout. s'ils ne nous
avaient pas tout pris, et parmi les objets volés se trouvait précisément un couvert ar-
genté. Le voleur avait été volé.

Comment du reste en eût-il été autrement? la plupart des officiers laissaient faire : — c'est le droit de la guerre, disaient-ils ; d'autres y mettaient moins de forme : — c'est ma chose ! et cette pensée si brutalement formulée avait parfois pour complément un coup de plat de sabre assez drûment appliqué.

Avec de pareilles idées, l'on voit ce que devaient être les rapports de vainqueur à vaincu.

Le comte Haberland fut le dernier prussien qui sortit de la maison, mais ce ne fut pas le dernier à qui j'adressai la parole. Quelques jours plus tard, un colonel de hulans vint demander M. le maire ; au moment de sa sortie, voici le dialogue qui s'établit entre nous et que je reproduis sans y rien changer.

Le colonel — Eh bien ! monsieur, enfin voilà la paix.

Moi. — Peut-être.

Le Colo. — Comment peut-être? est-ce que la guerre est encore possible ?

Moi. — Oui monsieur, elle est encore possible, avec tout le monde, debout derrière la haie, derrière le fossé.....

Le Colonel. — Ce serait affreux et c'est impossible. Votre pays est démoralisé, je sais bien qu'il suffirait d'une étincelle, mais cette étincelle ne jaillira pas ; la guerre, nous né la demandions pas, mais nous étions prêts lors de votre brutale et stupide déclaration,

et comment ne l'aurions-nous pas été ? la
France jouait un rôle agaçant pour nous qui
ne comptions plus. Il ne se remuait pas un
brin de paille en Europe, qu'elle ne vînt du
bout de son épée mettre le holà ; votre empereur faisait un métier de gendarme ! — voulez-vous qu'on vous le rende votre empereur?
ajouta-t-il demi sérieux.

Moi. — Gardez-le.

Le colonel. — De quoi vous plaignez-vous ?
Vous jetez les hauts cris parce qu'on vous a
pris vos fourrages, quelques objets sans valeur, vous ! monsieur, surtout, vous n'avez
pas le droit de vous plaindre, si vous n'avez
point perdu quelqu'un des vôtres.

Je remarquai qu'un crêpe noir entourait la
garde de son sabre.

Dans le canton de Neuillé, l'on ne s'était
point battu ; j'appris cependant qu'il y avait
eu quelques victimes. A la Goguerie, Louis
Saché avait payé de sa vie un coup de fusil tiré
d'une main mal assurée sur deux prussiens.
Sa maison avait été saccagée, sa grange brû-
lée.

A Neuillé même, près la ferme du Clos, un
chasseur d'Afrique avait été tué dans une reconnaissance. Enfin, j'appris avec la plus
grande inquiétude que deux de mes amis de
Sonzay, MM. Bouet et Pineau, avaient été
faits prisonniers et dirigés sur Mayence où
l'on devait décider de leur sort, comme com-

10

plices ou instigateurs d'une embuscade, dans laquelle un prussien avait été blessé sur la route n° 38 près Beaufou.

Mais heureusement, à part celle de Saché, il n'y avait point eu de ces tueries malheureuses et isolées, qui ressemblent tant à des crimes, tueries si fréquentes en temps de guerre et parfois pourtant nécessaires.

Ainsi, une personne digne de foi me racontait qu'un fermier de sa connaissance, dans le département de la Sarthe et dans une commune peu éloignée du nôtre, avait, à la suite d'une altercation violente, abattu d'un coup de pic un hulan resté en arrière de ses camarades ; après quoi, il l'avait à la hâte enfoui sous sa *forme* à fumier.

Un quart d'heure plus tard, dix hommes ramenant un cheval démonté, demandaient à grands cris leur camarade — pour retrouver celui-ci, tout dans la ferme fut bouleversé, et les dix cavaliers repartant au galop, avaient à peine dépassé la grange, que le blessé, soulevant péniblement le fumier, criait d'une voix mourante :

— Kamarates à moi, à moi kamarates !

Un vigoureux coup de pic acheva le blessé, qui fut recouvert de fumier.

C'était affreux ! — mais à la place du fermier qu'eûssions-nous fait ?

Non loin de cette même commune où s'accomplit ce petit drame, dans un bourg situé

sur l'Huisnes, un habitant se tenait debout
près d'un billot, un couperet à la main ; c'é-
tait le dernier jour de l'armistice ; penché sur
ce billot, la tête en avant, le cou tendu et bien
découvert, un fantassin allemand parait avec
une certaine complaisance un énorme morceau de viande qui devait servir à son dîner.
L'allemand prenait son temps, l'habitant toujours debout, sans mauvaise pensée, le couperet toujours levé, attendait pour abaisser
le lourd instrument une dernière injonction
du soldat.

Ce fut un éclair... la tête roula ! Quelques
minutes après, un cadavre décapité tombait à
la rivière qui coulait au fond du jardin ; mais
la triste besogne accomplie, celui qui l'avait
faite leva la tête avec inquiétude pour voir
s'il était seul. Devant lui, à vingt pas sur la
rive opposée, un homme le regardait qui le
fixa longuement et, dans une attitude désespérée, leva les bras au ciel :

C'était le curé !

Après le drame, la comédie.

Quelques heures après le combat de Monnaie, une ferme était brusquement envahie
par une vingtaine de prussiens, qui se précipitaient dans la pièce principale ; mais à la
vue d'un corps assez volumineux étendu
sur le lit et recouvert d'un drap blanc qui ne
laissait voir que la pointe d'un bonnet de coton, à la vue d'une chandelle allumée sur la

table de nuit, à la vue surtout d'une servante qui pleurait dans un coin de cette chambre un peu obscure, tous se retirèrent avec recueillement.

L'objet de ce recueillement était un cochon, magnifique animal tout frais tué, qui pendant sa vie avait coûté bien des soins, et devait, après sa mort rendre de si grands services. Quant à la jeune fille qui pleurait.... effet nerveux sans doute, ç'avait été plus fort qu'elle... elle pleurait à force de rire.

— *Nous safons le respect qu'on doit aux morts*, dit l'officier qui croisa le fermier dans la cour, — *consolez-fous prave homme, consolez-fous ; mais fotre fille a pien du chacrin*.

Le tour était joli et ma foi bien excusable, à cause de son côté pratique, car deux cents livres de viande en ce temps là étaient chose à garder ; mais ce n'est pas le seul tour qui dans le pays fut joué aux allemands ; en voici un autre qui sent un peu son fruit, et que je ne raconte que sous toutes réserves, ne le tenant que de seconde main.

Le docteur X... avait à se plaindre de la gourmandise et de la goinfrerie de ces messieurs; il fit placer dans un endroit à l'écart, mais cependant bien en vue, un joli plat de crême au jalap et une bouteille d'excellente liqueur purgative. On devine le reste. — L'effet fut complet !... trop complet même, car la place n'était plus tenable.

Le lendemain, le major prussien fit mettre ses hommes au lit; mais, peu fixé sur les prodrômes de la maladie, à la hâte et au hasard, il écrivit sur la porte :

Typhus

Le docteur X... aimait à rire, en un tour de main l'inscription fut effacée et remplacée par celle-ci beaucoup plus dans la situation et surtout plus imagée :

Liquidation générale !

— Ton histoire ne manque pas de *sel*, aurait dit Lacoste.

Paulo, majora canamus ; maintenant, revenons aux choses sérieuses et tristement vraies.

J'appris encore que la famille du fermier de mon père, dans la Sarthe, avait largement payé sa part de souffrances.

Pendant que Frédérick-Charles, assis sur une chaise devant l'auberge du Pot-de-Pierre, commandait ses troupes engagées avec les nôtres entre Lhomme et Chahaignes, Jean Fillâtre appuyé contre un arbre, à moitié caché par un fossé, suivait avec anxiété les phases du combat.

Aux premiers coups de feu, il avait quitté sa maison nu-tête, en sabots, vêtu d'une blouse légère. Bientôt saisi comme franc-tireur, bien qu'il n'eut pas d'armes et que ses mains ne sentissent point la poudre, fouillé, puis garotté, enfin sur le point d'être fusillé, il avait disparu emmené par l'ennemi. — Sa femme et ses enfants le crurent mort.

Un mois plus tard, en pleine nuit, Fillâtre qui s'était échappé avec un camarade, au milieu de la forêt de Marchenoire, rentrait chez lui, hâve, décharné, toujours nu-tête et en sabots. — Sa femme avait complétement blanchi. Quant à son camarade, qui était des environs de Troô.... la femme de celui-ci ne put le reconnaître, elle était folle !

Le traitement qu'avaient subi ces infortunés, (ils étaient une dizaine) était quelque chose d'atroce ; on ne laissait approcher d'eux personne, dans la crainte qu'une main généreuse ne leur présentât quelque nourriture ou des vêtements chauds ; beaucoup avaient de mauvaises chaussures et quand un sabot ou un soulier restait dans la neige, le prisonnier continuait la route avec un pied déchaussé.

— « Un jour, me dit Fillâtre, je mourais de soif, j'avais la fièvre depuis plus d'une semaine et je n'avais point bu depuis 24 heures ; je me précipite vers une seille pleine d'eau posée sur un trépied devant une porte ; un coup de crosse de fusil renversa la seille. »

Combien ont succombé, de ceux qui n'avaient pas la force morale ou l'énergie physique suf-

fisante pour résister à cette longue marche
sans étapes et sans repos ; car le repos
n'existait que pour leur garde, qui se renou.
velait chaque jour.

Fillâtre est un vigoureux gaillard qui aurait certainement *claqué*, sans sa merveilleuse constitution. Mais depuis cette époque,
il est sujet à des fringales singulières et qui au
début avaient quelque chose d'épileptiforme.
— « Quand ça me prend, me disait-il un jour,
j'avale tout ce qui me tombe sous la main, je
mange de l'herbe. »

Il était dit que dans cette malheureuse année, tous les fléaux fondraient sur nous. La
maladie, impitoyable pour tous, avait frappé
à toutes les portes ; quatre-vingt-onze noms
étaient inscrits, depuis quelques mois, sur les
tables mortuaires de notre petite commune
qui ne compte en moyenne que vingt-cinq
décès par an ; de sorte qu'à la grande douleur, à
la douleur commune, venait encore s'adjoindre
celle de chacun ; pas une famille qui ne fût en
deuil, pas une maison qui le soir n'eut sa
place vide au foyer, et partout c'était de
même : la France était devenue une immense
nécropole, dont les survivants avaient vieilli
de dix ans.

Je ne sais si l'on oubliera vite ce temps,
mais chez moi le souvenir ne s'en peut effacer,
pas plus que ne peut être effacée, sur la porte
de nos chambres, la marque des fourriers de

l'ennemi (car on ne peut l'effacer); on dirait que leur crayon, d'un mordant tout particulier, l'a incrustée d'une façon indélébile comme un éternel memento. Eh bien ! elle y restera cette marque, nos fils la verront, nos petits-fils la verront, comme pendant cinquante ans les enfants de l'Allemagne ont vu gravé sur le baudrier de leurs hulans ce mot, qui demandait une revanche : Iéna!

Enfin, le 12 mars, chacun put respirer à l'aise, un immense soupir de soulagement salua le départ des Prussiens.

Mon vieux père avait eu l'honneur d'être pris comme otage pendant l'armistice et de rester deux jours en prison.

Je devais une visite de condoléance à un excellent homme de mes voisins, point méchant, passablement égoïste, grand amateur de plébiscites, vrai satisfait sous l'empire, un de ces hommes qui n'appartiennent ni au peuple qui travaille, ni à la bourgeoisie qui pense, encore moins à la noblesse qui est bien élevée, qui a des croyances et de grands instincts, qui sait tenir une épée ou une plume, au besoin conduire une charrue ;

Un de ceux qui se *pansent* et ne savent tenir qu'une pièce de cent sols : aussi comme ils la tiennent !

Ces gens-là sont un produit hybride de 1830, le *bourgeoisisme ;* heureusement qu'ils ne sont point la France, car alors ce serait la Béotie, et elle aurait bientôt un roi.

On l'appellerait Gambrinus ou Pétaud !

Donc, mon voisin me tendit la main.

— Eh bien ! me dit-il, t'es-tu bien amusé là-bas ?

Ce sera le mot de la fin.

N'est-ce pas qu'il donne froid ?

Mai 1875.

FIN DES NOTES D'UN VOLONTAIRE

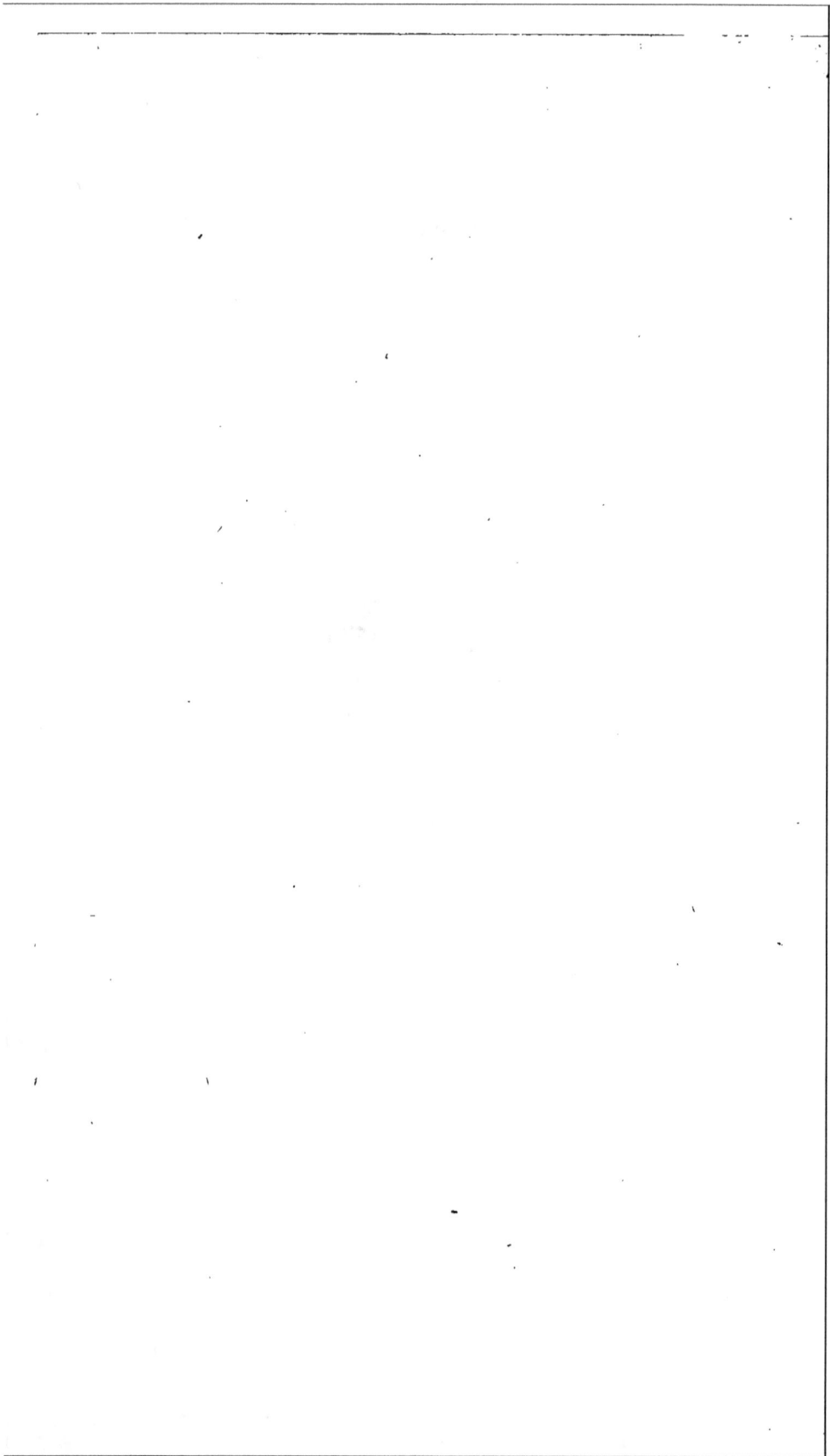

TABLE

CHAPITRE I.

Mon départ de Neuillé. — Ma réception à la préfecture, à l'intendance. — Joli début, on me signale comme espion à la gare de Tours. — Passage à Châteaurenault. — Arrivée à Paris. 3

CHAPITRE II.

Paris. — Le colonel Mocquery. — Reboulades sur reboulades. — M. Houssard, M. Lesplanques. — J'ai enfin une position militaire. 10

CHAPITRE III.

Séance du corps législatif. — La nouvelle de Sedan. — Le mouchard Corse. — Voyage à Bois-Colombes. — Le monsieur qui fuit les émotions. — Coups de pistolet. — Le 4 septembre. 14

CHAPITRE IV.

Calme de Paris — Nouvelle organisation de la garde nationale. — Compagnies de volontaires. — Relations à Paris — Émile Groussin, Delaunay, M. Arnault-Jeanty, Prou, Boissonnade. — Emploi de mon temps jusqu'au 18 septembre. — Investissement. 20

CHAPITRE V.

Investissement complet. — combat de Châtillon. — Passy. — Auteuil. — Le 56ᵉ bastion — Service aux remparts. — Premières gardes. — Mot d'ordre. — Incendies, ponts qui sautent. — L'atelier du peintre Yvon. — Le daim. — La dame au gendarme. — La popote. — Une balle aux remparts. — Combat d'artillerie. — Destruction de Brimborion. . 30

CHAPITRE VI.

Formation des régiments de marche. — Mon incorporation au
6ᵉ régiment. — Fête offerte par la garde nationale aux
compagnies de guerre. — Le gouvernement prisonnier à
l'Hôtel-de-Ville.   40

CHAPITRE VII.

Commencement de la période critique. — Je vois Trochu. —
Cherté des vivres. — Maladies. — Prix de certaines denrées. — Le mouchard du 3 septembre.   49

CHAPITRE VIII.

Batailles de la Marne. — Villiers. — Champigny. .   57

CHAPITRE IX.

Aux avant-postes. — Arcueil. — Cachan. — Notre escouade.
— Ma chambrée. — Dîners somptueux. — Lacoste, Martin
l'enchanteur. — Le poste du cava ier. — Travail aux tranchées. — Nos distractions. — La corvée à l'eau près de la
Bièvre. — Beaucoup de malades. — 22 jours et 22 nuits
sans quitter les bottes. — Retour à Paris. . . .   63

CHAPITRE X.

Rentrée à Paris. — De vraies maisons. — De vrais lits. —
Les parasites. — De l'eau à tout prix. — Bombardement. — Hamerel n'est pas de bois, distraction qui lui
coûte cent sols   85

CHAPITRE XI.

La veillée des armes à Suresnes. — Bataille de Buzenval, —
Combat de St-Cloud. — La maison Armengaud — Le
colonel Mosneron. — Dupin. — Un homme tué par l'émotion. — Episodes. — Rentrée à Paris. — Les Confesseurs.
— La sœur de Ravet   94

CHAPITRE XII.

Visite à la ma son Dubois. — Insurrection du 22 janvier. —
Service de la ville — Préfecture de police, hôtel Beauvau,
Élysée. — Le punch et les gâteaux ! — On nous passe la
main sur le dos. — Capitulation.   107

CHAPITRE XIII.

Le départ de Paris — La Malmaison. — Werda! — Le paysan désintéressé. — St-Germain-en-Laye — La livre de beurre. — Versailles. — La musique du château. — Un souvenir de 1814 — Retour au pays. — Les Prussiens pendant l'armistice — L'officier *ventard* et son petit accident. — Un hulan dans du fumier et une tête sur un billot. — Le mot de la fin. 121

TOURS. — IMP. RIBAUDEAU ET CHEVALLIER.

www.ingramcontent.com/pod-product-compliance
Lightning Source LLC
Chambersburg PA
CBHW070753290326

41931CB00011BA/1989

* 9 7 8 2 0 1 4 5 0 8 0 7 9 *